Pe. JOSÉ MARQUES DIAS, C.Ss.R.

O AMOR É MAIS VIDA!

Conheça os Mestres e os Caminhos

EDITORA
SANTUÁRIO

Dados Internacionais de Catalogação na Publicação (CIP) de acordo com ISBD

D541a Dias, José Marques

O amor é mais vida! Conheça os Mestres e os Caminhos / José Marques Dias. - Aparecida : Editora Santuário, 2022.
144 p. ; 14cm x 21cm.

ISBN: 978-65-5527-268-0

1. Religião. 2. Cristianismo. 3. Amor. 4. Bíblia. 5. Santos. 6. Reflexão. I. Título.

2022-3552 CDD 240
CDU 24

Elaborado por Vagner Rodolfo da Silva - CRB-8/9410

Índice para catálogo sistemático:

1. Religião : Cristianismo 240
2. Religião : Cristianismo 24

1ª impressão

Rua Pe. Claro Monteiro, 342 – 12570-000 – Aparecida-SP
Tel.: 12 3104-2000 – Televendas: 0800 - 0 16 00 04
www.editorasantuario.com.br
vendas@editorasantuario.com.br

Sumário

Anexos

ABREVIATURAS

EM	*Evangelii Nuntiandi*, Paulo VI, 1975
RMi	*Redemptoris Missio*, João Paulo II, 1990
DA	Documento de Aparecida, 2008
EG	*Evangelii Gaudium*, 2013
LS	*Laudato Si*
CNBB	Conferência Nacional dos Bispos do Brasil
LEMIA	Leigos(as) em Missão na Paróquia
ANL	Ano Nacional Laicato 2018
CEBs	Comunidades Eclesiais de Base
FV	Unis Fé e Vida – Editora Santuário
Unisinus	Site dos Jesuítas do Sul

Evangelhos: Mt, Mc, Lc, Jo
Cartas Paulinas
Cartas Católicas
Apocalipse
"Deus caritas est", Papa Bento XVI (2005)
"Casamento hoje", Dr. André I. Petroucic Filho e Silvia C. Petroucic. Ed. Santuário, 2019.

APRESENTAÇÃO

A humanidade inteira está vivendo tempos que nos marcarão de muitos modos. Tempos que estão fazendo aflorar o que há de melhor em nós, e o que fingimos não ver. Se olharmos em volta, surpreende-nos o quanto há de amor, dedicação e até de heroísmo no coração de tanta gente. Não gostamos, mas acabamos vendo também mesquinharias, egoísmos e ambições. Vemos as potencialidades do amor e as tristezas de sua ausência.

O tema é interessante e oportuno. O texto oferece um material muito rico e bastante esquemático.

Neste momento que atravessamos é oportuno refletir sobre o amor, sua força e suas debilidades, a alegria de sua presença e falta que nos faz quando ausente. Este livro poderá ser muito útil para a reflexão pessoal, para dias de encontros de formação e mesmo para retiros. É a oportunidade que o Pe. José Marques nos oferece com este livro. Ajuda-nos a clarear nossos conceitos, a analisar a realidade e a vislumbrar caminhos. Lembra-nos o que ensinam mestres do passado e do agora; o que nos faz perceber que ainda penetramos apenas levemente nas riquezas do amor, desse conceito, ou melhor, dessa realidade sem a qual a vida não tem sentido. Principalmente, porém, porque ele traz para o diálogo as riquezas da fé e das experiências vividas pelo povo de Deus.

Bom será se estas páginas não apenas nos levarem à reflexão, mas também nos despertarem para um amor maior, para poder ajudar na criação de um mundo mais feliz. Será nosso melhor agradecimento por nos ter desafiado ao diálogo.

Pe. Flávio Cavalca de Castro, C.Ss.R.
Professor, Escritor, Conferencista

PREFÁCIO DO AUTOR

O tema do Amor é sempre central na vida, e, deveras, importante e atual. O Amor é sempre gerador de vida, de paz e de Esperança. Temos muitos modos de tratar o assunto do Amor. Como o tema do amor é tão abrangente, não vou falar só de um aspecto, mas darei uma visão panorâmica, abrangendo os vários campos, desde a ciência até a teologia bíblica, passando pela família, pelo diálogo e outros aspectos interessantes e atuais. É um compêndio sobre o amor, que gera vida.

O importante é que todos possamos sentir que só o amor verdadeiro, dentro de cada ângulo que o vejamos, é gerador de vida. E se não gerar mais vida é certo que não é amor verdadeiro, mas ilusório e talvez até pecaminoso. Precisamos conhecer e abraçar o amor que gera mais vida, por isso mais verdadeiro e do qual o mundo está, tantas vezes, carente e mesmo se afastando.

> O Amor É Mais VIDA! "Conheça os Mestres e os Caminhos!" (O Amor é Mais VIDA... sempre maior, corajoso, alegre e feliz; com mais doação, mais dedicação, mais heroísmo, mais entrega, mais diálogo, mais alegria, mais ternura, mais parceria, mais união, mais ardor, mais atento, mais caprichoso, mais caminhar juntos, mais esperançoso.)

– O amor de Deus está cada vez mais forte, mais animador, mais quente (Sol Eterno). Quanto mais se doa, mais se acende.

– O Amor teve seu momento maior na humanidade, na vida e no exemplo de Jesus, morto e ressuscitado; inclusive transformou o imenso e violento Império Romano. Houve muito sangue, mas muitos testemunhos de amor também.

– Agora, perguntamo-nos, e o amor humano, como vai das pernas? O amor na família, o amor no trabalho, o amor na convivência social, como anda? E o amor na Igreja de Cristo?

Sem amor, não há vida cristã. O ato de amor é o único caminho de salvação e realização para o ser humano. “Amamos porque Ele nos amou primeiro” (1Jo 4,9). “Amemo-nos uns aos outros, porque o amor vem de Deus” (1Jo 4,7). “O amor une a todos na perfeição” (Cl 3,14). A vida está sempre em construção; nunca está pronta e perfeita. Às vezes, desmorona e regride. “Errar é humano, mas permanecer no erro é burrice”, diz o povo, com muita sabedoria. Mas somos fracos e pecadores! *“Pelo conhecimento, recebo Deus para dentro de mim; pelo amor, ao contrário, eu entro em Deus”,* afirmava o Mestre Eckhart.

O amor é aquilo de mais importante na vida; é o mais difícil, por isso um grande desafio. Ele é o mais importante porque “Deus é amor” e nos criou para amarmos e sermos amados. O Amor é o mais difícil – porque somos egoístas – e o mais mentiroso – porque somos bajuladores. Amar a todos como irmãos parece a coisa mais difícil, hoje. Há muita confusão sobre o que é o amor. Há muito ódio aos pobres, aos negros, aos imigrantes, pois tiram o sossego e o conforto dos privilegiados. E todos somos fracos e egoístas.

“Morrer para si mesmo, para o próprio ego, é a única maneira de viver relações de amizade e de amor. Somente a íntima comunhão com Cristo torna possível a comunhão entre seres humanos”, escreve a filósofa e eremita Antonella Lumini (UNIS 14.1.2022). Mas, afinal, o amor está doente ou não? Um colega achou o enfoque “interessante e atualíssimo”. Hoje, podemos nos perguntar como um dia perguntou São João Paulo II: “Quem ama mais, o homem ou a mulher?" E o papa Francisco diz: "O Amor-Caridade é sempre a via mestra do caminho de fé". Os mestres e os Caminhos vão sendo reconhecidos ao longo do livro, nos personagens e temas abordados.

O Amor é um grande desafio pessoal, familiar e social. Construir o verdadeiro "Amor Cristão" é um desafio religioso, político e humano. É a maior luta da humanidade na busca do Amor, que gera Vida Eterna! Na conclusão inconclusa, veremos que o desafio continua atualíssimo e desafiador.

Partes do livro

Colocados alguns alicerces, vamos aprofundar "O Amor É Mais Vida! Conheça os Mestres e os Caminhos do amor."

Começamos pelo campo das ciências, da psicologia, depois vamos ao campo educacional e pedagógico. Também conheceremos os ensinamentos de grandes místicos e teólogos. Veremos o amor na família, na Igreja e, sobretudo, na Palavra de Deus. A Eucaristia, memorial do Amor. O amor na 1ª Carta aos Coríntios 13 e na 1ª Carta de João. Veremos o que é o desamor e a importância do perdão. E também a distinção entre amor e filantropia, e que só o amor é digno de fé. E, na parte oracional, revisitaremos os textos das Obras de Misericórdia e do Bom Samaritano. Concluindo com Maria, a Mãe do Divino Amor. Na conclusão inconclusa, veremos que o desafio continua.

Precisamos responder à pergunta, se é que temos alguma dúvida, é o amor possível e é o único caminho para se construir o ser pessoal, viver em fraternidade, com mais dignidade e justiça, e saber esperar com alegria a vida futura e o "Amor eterno", com Deus e os irmãos?

Temas mais relevantes

1. Por que "O Amor é Mais Vida"? O amor está doente? E o desamor? Que nota daria, hoje, ao amor?
2. O que é mais importante: a Fé, a Esperança ou o Amor?
3. O amor é inato ou se aprende, e educa? Quais os sentidos principais dados à vida?
4. Maior prova do amor de Deus foi a Encarnação, a Paixão ou a Eucaristia?
5. Quatro textos principais do Novo Testamento sobre o Amor.
6. O amor: como pode aumentar ou diminuir? Pelo diálogo, apoio, pela oração?
7. Amor é filantropia? Desigualdades sociais são frutos do destino ou opção política?
8. Maria, "Mãe do Divino Amor"? Com Maria aprendemos a amar.

Finalidade do livro

Não trata-se de uma tese doutoral ou estudo científico; é uma abordagem pastoral e catequética. Desejo ajudar as pessoas em suas dificuldades. A vida não está fácil! Meu intuito é poder colaborar. Diria que quer ser uma catequese sobre o amor a melhorar; sobre os Mestres e os Caminhos a serem seguidos. Ao longo do livro, vamos conhecer qual é o amor mais doente? São cinco principais amores: o amor entre pais e filhos, o amor fraterno, o amor erótico, o amor a si mesmo e o amor a Deus? Cada um que sabe! E a Pastoral do medo, ainda existe!

Precisamos de um amor sempre maior, corajoso, alegre e feliz. Teremos informações, testemunhos e propostas das várias áreas de conhecimento. A maior abordagem será sobre o amor, na vida e na Palavra de Deus. Assim, este livro poderá ser muito útil para a reflexão pessoal, para dias de encontros de formação e mesmo para retiros.

O Redentorista precisa ser "fervoroso no amor" e ter um amor esperançoso! Eu que o sou, o que deve significar isso para mim? Quer dizer que o Redentorista deve ter um amor ardoroso, atento, caprichoso, dedicado; evangelizar em "um mundo ferido", onde o amor parece doente. Leia, avalie e divulgue. Obrigado a todos os que me ajudaram a realizar esta obra. Deus abençoe a mim e a você.

Pe. José Marques Dias, C.Ss.R.

I
INTRODUÇÃO

1. Clarear os vários conceitos de amor

No Dicionário de Filosofia, temos a seguinte definição de "amor": "força primordial do espírito, dotado de atividade volitiva, força afirmadora e criadora de valores... é, ao mesmo tempo, a força mais poderosa para comunicar uma nobre estrutura à totalidade da vida humana e realizar em toda a sua plenitude a ordem moral" (Herder, S. Paulo, 1962, p. 54).

Quando se fala, em geral, de amor, falamos do *amor fraternal*: é o amor entre irmãos, é um sentimento de carinho muito forte, de dedicação, de interesse pela figura do outro. O amor gera vínculos de amizade e companheirismo.

Na cultura Grega, há três palavras para distinguir de que amor se fala: *Eros, Philos* e *Ágape*.

Eros: é o amor romântico, é aquele amor que busca o prazer, que quer se satisfazer; é dele que vem a palavra "*erótico*". É de origem biológica e depende muito dos hormônios e das emoções. Macho é macho, fêmea é fêmea. Eles, geralmente, têm emoções diferentes. A fêmea é comandada mais pelo lado direito do cérebro e o macho pelo lado esquerdo. Mas há casos em que o emocional é diferente do biológico. E as causas são hormonais e instintivas.

Philos: amor entre irmãos; é um sentimento de carinho muito forte, de dedicação, de interesse pela figura do outro. Que gera vínculos de amizade e companheirismo. Tem sua origem principal nas emoções e na afetividade. Precisamos amar e ser amados; e quem não foi amado não consegue amar.

Mas ai daqueles que não sabem controlar seus sentidos e suas emoções! Por isso precisamos bastante da ajuda dos psicoterapeutas. E é no sono que descansamos e recuperamos nosso psiquismo emotivo.

Ágape: é o amor mais profundo, incondicional e voluntário; pois, aqui, a fonte do amor é o coração de quem ama. É doação, é entrega. Tal é o amor de mãe pelo filho. Poderá aumentar ou diminuir esse amor, mesmo que, muitas vezes, ele não seja correspondido. É o amor incondicional e total.

Os cinco sentidos são as portas externas para a vivência de nosso ser biológico-emocional. Nada no ser humano é puramente biológico, ou emocional, ou espiritual. Tanto o *Philos* (amor fraternal) quanto *Eros* (amor do prazer) brotam das virtudes da pessoa amada e necessitam ser correspondidos. Os três se comunicam, intercruzam e se influenciam.

A OMS (Organização Mundial da Saúde) nos ensina que a saúde tem quatro dimensões: a física ou biológica, a emocional ou psíquica, a moral (com os outros) e a espiritual (com Deus). São quatro também os campos do amor: Eu e eu mesmo, Eu e os outros, eu e a natureza, Eu e Deus. E são três, pois, os principais sentidos da palavra amor: Amor-Erótico (sexual), Amor-Philia (amizade), Amor-Ágape (caridade). É do Amor-Ágape, gerador de vida, que falaremos, de agora em diante.

A palavra "Ágape" aparece mais de trezentas vezes no Novo Testamento. O amor parte de mim para o outro, assim como Deus fez – amou-nos primeiro. Esse é, também, o amor pelo qual Deus nos ama. Amor desde sempre, mesmo antes que tivéssemos nascido, mas sobretudo desde que nascemos até hoje. Um amor imutável e sacrifical. É o amor que continua a missão de doação e entrega de Jesus.

2. A Centralidade do Amor

O papa João Paulo I – "O Papa Sorriso"–, nos trinta e três dias de seu Pontificado, deixou uma mensagem emocionante, no dia 24 de setembro de 1978, falando sobre o Amor. Nessa mensagem, ele conta a história das dezesseis carmelitas do Mosteiro da Encarnação de Compiègne, condenadas à morte "por fanatismo", durante a Revolução francesa, em 1789.

Uma das irmãs pergunta ao juiz: "Por favor, o que quer dizer fanatismo?" Responde o juiz: "É pertencerdes tolamente à religião". "Ó, irmãs!", exclama então a religiosa, "ouvistes? Condenam-nos por nosso apego à fé. Que felicidade morrer por Jesus Cristo!" Na carreta, que as levava ao cadafalso, cantam hinos religiosos. Chegando ao palco da guilhotina, uma atrás da outra, ajoelham-se diante da prioresa e renovam seus votos.

Depois, entoam o *"Veni Creator Spiritus"* (Vinde, Espírito Criador). O canto se torna cada vez mais débil, à medida que caem, uma a uma, na guilhotina, as cabeças das pobres irmãs. Ficou para o fim a prioresa, Irmã Teresa de Santo Agostinho. Antes de ser executada, exclama: "O amor sempre vencerá, o amor tudo pode". E o papa João Paulo I acrescenta: "Eis a palavra exata: não é a violência que tudo pode, é o amor que tudo pode!" Foram as últimas palavras do Papa "sorriso de Deus", dirigidas ao mundo.

O amor consiste em não julgar nem condenar, mas perdoar; ser generoso, dar além do que é exigido como obrigação. É fazer o bem de forma gratuita, amor é misericórdia, o modo de ser de Deus (Lc 6,36-38).

Sim, a centralidade do amor é importantíssima. "O amor sempre vencerá, o amor tudo pode." "O amor jamais passará" (1Cor 13,8). "O Amor-Caridade é sempre a via mestra do caminho de fé", afirma o papa Francisco.

3. Valores fundamentais, hoje

– A Vida de cada pessoa é única, de valor inestimável e intransferível;

– A Família é a base do amor, da vida e da complementação. É a Igreja doméstica;

– Somos todos colaboradores e responsáveis pela união ou desunião, pelo amor e desamor!

– O dom da Fé é fundamental para nós cristãos. Fé que é acolher Jesus Cristo, Mestre dos Mestres, enviado pelo Pai, para que tenhamos vida; a quem devemos escutar e caminhar com ele em seus caminhos; e descobri-lo na pessoa dos irmãos, em uma grande Fraternidade.

Jesus é a Verdade das verdades e o Mestre dos mestres, por isso ele é "o caminho, a verdade e a vida, pois ninguém vai ao Pai senão por mim" (Jo 14,6). Qual é a mensagem central de Jesus? "Deus é Amor". Amor que gera vida, perdão e misericórdia. Sem o amor, nosso mundo seria impossível. Jesus veio realizar a Missão do Pai. O Deus Amor enviou Jesus para ensinar o que leva à vida e o amor na humanidade. "Eu vim para que todos tenham vida, e vida em abundância" (Jo 10,10); e também veio "reunir os Filhos de Deus dispersos" (Jo 11,52). "Tendo amado os seus que estavam no mundo, amou-os até o fim" (Jo 13,1). Deu sua vida por todos, pois "todos vós sois irmãos" (Mt 23,8).

4. Crescimento da violência

Alguns filósofos, como Friedrich Nietzsche, acusam o cristianismo de enfraquecer a raça humana, ao pregar o amor e a misericórdia. Os problemas e obstáculos à Vida e ao Amor são, deveras, grandes. "A vida social em convivência harmônica e pacífica está se deteriorando gravemente (...)

pelo crescimento da violência, que se manifesta em roubos, assaltos, sequestros; e, o que é mais grave, em assassinatos que cada dia destroem mais vidas humanas e enchem de dor as famílias e a sociedade inteira" (DA, p. 78). Esses são alguns sintomas, mas haveria que alargar a gama de problemas, como o desemprego, o grande desnível social, o desgoverno na política, no Judiciário, no clima e em tantas outras dimensões. Há uma nuvem preta de temor sobre nosso mundo. O que vai nos animar e dar-nos a esperança de uma vida melhor?

Tem gente que parece confiar mais nas armas que no diálogo. Busca-se mais amor nos animais que nos humanos. Confia-se mais nas mentiras que no respeito à verdade e aos valores humanos. Lembrando as tentações de Jesus, que são também as nossas, confiamos mais no dinheiro do que nas pessoas; confiamos mais no poder, que não é mais serviço, mas importante pelas vantagens que oferece, e confiamos mais no prazer do que no amor, porque a vida está sem sentido e sem valores!

O Documento de Aparecida (2007) não registra apenas as desgraças do mundo em que vivemos, mas nos ensina o caminho para enfrentar essa dura realidade: "A radicalidade da violência só se resolve com a radicalidade do amor redentor". Evangelizar sobre o amor de plena doação como solução ao conflito deve ser o eixo cultural radical de uma nova sociedade. Sem o amor, nosso mundo será impossível! Apesar do crescimento da violência, urge construirmos a "Civilização do Amor", como preconizava o papa São Paulo VI.

Por tudo isso, não é fácil falar do amor, do amor que gera mais vida, pois não quero ser mentiroso ou hipócrita. A proposta de Jesus é bastante clara e exigente, mas sempre verdadeira: "Se Deus assim nos amou, também nós devemos amarmos uns aos outros" (1 João 4,11).

5. Educação para a amizade: o diálogo e a paz

A amizade pode ter, como origem, um instinto de sobrevivência da espécie, com a necessidade de proteger e ser protegido por outros seres. Carl Rogers afirma que a amizade "é a aceitação de cada um como realmente ele é". A amizade leva a um sentimento de altruísmo e lealdade, a ponto de colocarmos os interesses do outro na frente dos nossos. A amizade cria e estabelece a reciprocidade e a unidade mais estreita entre duas pessoas. A amizade é a concretização do amor.

O sentido mais profundo da ética não está no desejo egocêntrico, mas sim no amor de amizade. A natureza espiritual tem a capacidade de acolher em si o ser do outro, ou melhor, de amar o que o outro é, sem perder a própria identidade. São Tomás de Aquino ensina que a amizade verdadeira é purificada e transformada pela abertura ao outro. É reconhecer o outro em si e por si mesmo.

A amizade é uma das formas mais comuns de relações interpessoais que a maioria dos seres humanos tem na vida. Amizade resume-se em lealdade, confiança e amor. A tendência de desejar o melhor para o outro, e que faz com que o amor seja mais fraterno e profundo, é porque foi construído na honestidade e na lealdade.

Muitas vezes, os interesses dos amigos são parecidos e demonstram um senso de cooperação; gostam de partilhar momentos juntos, pela companhia e amizade do outro. Os melhores amigos, muitas vezes, se conhecem mais que os próprios familiares e cônjuge, funcionando como confidentes. A Amizade não é o mesmo que coleguismo, pois este revela "interesses afins", mas sem intimidade. Em caso de perda da amizade, sugere-se a reconciliação e o perdão, como veremos adiante. Mas nada fortalece mais a amizade do que o diálogo.

O **diálogo** é atitude de amor e permite entender uma cultura do encontro, que aproxima as pessoas, gera solidariedade, exige atitude de escuta. Educar-se para o diálogo é também importante. Não podemos viver sozinhos, fechados em nós mesmos. Ser cristão é estar disposto a amar e ser amado. O diálogo nos ressuscita, liberta-nos da solidão e do fechamento, fazendo-nos crescer na transparência. As inúmeras possibilidades de dialogar são encontros que nos reconciliam com a vida, movem-nos a crescer e a sair de nosso egocentrismo. Um bom diálogo pode resolver conflitos, evitar desentendimentos, expressar sentimentos.

O diálogo é um valor permanente na Igreja, na comunidade, na família, no trabalho e na convivência social, ensina o papa Francisco. O diálogo constitui uma das experiências humanas mais antigas e reveladoras de nosso ser profundo, cuja finalidade última é viver a experiência do encontro. O diálogo é uma experiência profundamente humana de proximidade, de conhecimento, de intercâmbio, de ternura; um encontro entre pessoas, que vão compartilhando histórias de vida, esperanças e frustrações; vontade de construir e de sonhar. O diálogo é um grande caminho do amor; mas, para isso, precisa querer e saber arrumar tempo.

Na prática do diálogo, ressaltamos três momentos: no primeiro, vemos que ele é uma forma de comunicação diferenciada; no segundo momento, vemos que é uma condição humana para o desenvolvimento do indivíduo e suas relações na sociedade; e, por último, é importante acentuar sua relevância na prática pedagógica, quer seja em sala de aula, entre professor e aluno, quer seja nas reuniões de Comunidade ou grupo de trabalho. É tempo de sinodalidade, ensina o papa Francisco.

No âmbito pessoal, o diálogo ajuda a unir as pessoas, e deixar claro qual a importância dos outros em nossa vida, e a evitar discussões.

No relacionamento amoroso e familiar, o diálogo é essencial para que o amor amadureça enquanto amadurece a própria relação do casal. Implica saber falar e saber escutar, de ambas as partes, e a capacidade de interpretação das mensagens de cada parte. A atitude de diálogo exige uma atitude de abertura para a diferença, para a alteridade, para a complexidade. Neste mundo da globalização, não podemos cair na globalização da indiferença. Para facilitar o diálogo familiar é bom escolher a noite da família, pelo menos uma noite por mês. Preparar a reunião, com um chá e pipoca, e propor os assuntos com certa antecedência. Ninguém é igual e cada um tem seus valores.

Dialogar é uma das vias privilegiadas que temos para nos fazer sentir que nossa vida é habitada por outros; de reforçar vínculos comunitários; de investirmos os dons em um sonho mobilizador; tudo isso são expressões de uma vida ressuscitada, do amor partilhado. É reconhecer no outro o que há de verdadeiro, bom e belo e descobrir como o dinamismo de Deus atua em seu coração. O diálogo é, também, o lugar privilegiado de encontro e descoberta misteriosa do Outro (Deus). Diálogo também é Oração.

"O Amor tudo Espera": rejeitar o diálogo é perder o direito de expressar a própria opinião; aceitar o diálogo é uma possibilidade de contribuir com a compreensão entre todos os homens para construir um futuro digno e pacífico.

Educar-se para a Paz! "Se você quer paz, prepare-se para a paz. Nada se perde com a paz", ensina o papa Pio XII. "Nunca mais a guerra", dizia o papa São Paulo VI. Ele também ensinava que a "Justiça é o novo nome da Paz". A Justiça é uma busca comunitária e prioritária. Deus não é o Deus da guerra, mas da paz, ensina o papa Francisco (UNIS, 13.9.21).

O cristão deve ser sempre contra a guerra. O cristão não pode combatê-la com a violência das armas, que só gera mais violência e vinganças sem-fim. Não há desarmamento sem coragem, não há perdão sem a verdade. O caminho para a paz não se encontra nas armas, mas sim na justiça.

Esse é o único caminho possível para a paz. A capacidade de combater o mal não está nas proclamações, mas na oração; não na vingança, mas na força paciente e construtiva da solidariedade. Sobre a "banalidade do mal", em que "bandido bom é bandido morto"; na meditação sobre o holocausto, que foi não só planejado nas altas esferas do regime nazista, mas contou com a adesão de pessoas comuns, habituadas pelo regime a não raciocinar. Assim também o papa Francisco ensina que a pena de morte é inadmissível porque atenta contra a inviolabilidade e a dignidade da pessoa humana.

A vida precisa de mais igualdade e de melhores oportunidades para todos. Mas, hoje, as mentiras e as *fake news* envolvem a existência. "Vivemos tempos sombrios, em que as piores pessoas perderam o medo e as melhores perderam a esperança", afirma Hanna Arendt. Ora, isso dificulta a verdade da vida e a luta por seus direitos na Paz. "O importante é assumir um pouco a dor do mundo e transformá-la em conhecimento e em amor", escreve o teólogo italiano Vito Mancuso.

"Há duas possibilidades: tentar recuperar, a qualquer custo, o jeito anterior, reafirmando-o por meio dos vários fundamentalismos, ou abrir-se ao novo, ainda em gestação, que pede paciência para poder surgir. A fé é fortemente desafiada, não só aquela dos crentes e praticantes, mas também aquela fé secular dos chamados não crentes que, no entanto, acreditam na vida, na justiça e atuam para a proteção da criação; são pacifistas, amam a natureza, a beleza, a arte etc.", escreve a filósofa Antonella Lumini (UNIS, 14.1.2022).

"Crer ou não crer é, muitas vezes, um fato ideológico alimentado em parte pela distância, que separa a perspectiva científica da perspectiva teológica. Essa ainda é muito estática e dogmática, por meio da qual a Igreja continua a propor a transmissão da fé. Não se trata de reivindicar suas raízes cristãs, em favor de certos impulsos ideológicos, destinados a preservar uma visão da realidade que está desaparecendo, mas, pelo contrário, devemos reconhecer que a civilização ocidental foi cristã em sua esfera religiosa, nos princípios de sua elaboração, e, hoje, podemos vê-la descristianizada na prática", ensina a filósofa Antonella Lumini (UNIS, 14.1.2022).

Queremos a felicidade, mas nem sempre a fazemos realidade. Pensar o que fazemos e fazer melhor o que pensamos é um desafio moral. Reconhecer a fraqueza e animar os corações quebrantados é uma tarefa humanitária, sobretudo em tempos difíceis. As pessoas têm o dever de fazer o bem, pelo menos para sobreviver; e todos anseiam pela acolhida, pela verdade e pelo amor. Consequentemente, viver como seres humanos significa usar bem a inteligência, obtendo conhecimento, e usar bem a vontade, gerando amor.

A cada dia nos deparamos com alterações em nosso cotidiano, nossas ações, nossa forma de agir e pensar, nossa cultura, gerando novas linguagens, novas formas de sociabilidade. Discutir a fraternidade e o diálogo, como atitude de amor, permite entender uma cultura do encontro, que aproxima as pessoas, gera solidariedade, exige atitude de escuta. Não podemos viver sozinhos, fechados em nós mesmos. Ser cristão é estar disposto a amar e ser amado. Assim como a mente precisa de Paz; o corpo precisa de descanso e sono; assim também o coração precisa de alegria e a alma precisa de Deus. Só o "amor gera mais vida". Princípios que servem sempre e para todos.

Comece com você mesmo a se tornar Paz. Se quisermos que nossa vida cristã tenha a marca da Ressurreição, o convite é este: "Sair do próprio túmulo para viver diálogos mobilizadores de Vida e de Amor" (A. Palaoro, SJ. UNIS, 9.4.2021).

6. Deus é Amor: Testemunhos

Esse é o tema da primeira Encíclica do papa Bento XVI, "Deus Caritas est" (2005), Deus é Amor. Nós, cristãos, cremos que Deus é amor; e que nós só teremos paz se vivermos no amor dele e uns pelos outros.

O Papa afirma que 1 Coríntios 13 resume todas as reflexões que ele faz ao longo de sua Carta Encíclica. Esse Hino ao Amor "deve ser a Magna Carta de todo o serviço eclesial" (n. 34). E insiste que o amor não se deve restringir a dar ao próximo alguma coisa. O amor é muito mais: trata-se de um dar-se a si mesmo, de "estar presente no dom como pessoa". Só o "amor gera mais vida".

São Paulo ensina que a caridade é sempre algo mais do que mera atividade. A ação prática resulta insuficiente, se não for palpável nela o amor pelo ser humano, um amor que se nutre do encontro com Cristo.

Santa Teresa do Menino Jesus intuiu essa verdade. Quatro meses antes de morrer, escreveu um lindo poema: "Amar é doar tudo e doar-se a si mesmo". Ela mesma conta sua história: "Encontrei esta frase sublime: 'Aspirai aos melhores carismas. E vos indico um caminho ainda mais excelente'" (1Cor 12,31). O Apóstolo esclarece que os melhores carismas nada são sem o amor, e esse é o caminho mais excelente que leva com segurança a Deus.

Continua Santa Teresa: "O amor deu-me o eixo de minha vocação. Entendi que a Igreja tem um coração, e este coração está inflamado de amor. Compreendi que os membros da Igreja são impelidos a agir por um único amor, de forma que, extinto este, os apóstolos não mais anunciariam o Evangelho, os mártires não mais derramariam o sangue. Percebi e reconheci que o amor encerra em si todas as vocações, que o amor é tudo, abraça todos os tempos e lugares, em uma palavra, o amor é eterno (...). Encontrei, afinal, minha vocação: minha vocação é o amor. No coração da Igreja, minha mãe, eu serei o amor" (Manuscrito "B", 3v). Pois só "o amor gera mais vida".

São João da Cruz foi o grande mestre de Santa Teresinha do Menino Jesus. Ele deixou escrito: "No entardecer da vida, seremos julgados pelo amor. O amor que damos e recebemos é uma realidade que nos leva mais e mais para perto de Deus. O meio único de conhecimento completo está no ato de amor, esse ato transcende o pensamento e as palavras" (Ditos de Amor e luz, n. 58).

II
BASE BIOLÓGICA DO AMOR

1. Criados para amar

Também para mim foi uma novidade, mas eu creio no valor da ciência e das pesquisas. Deus tem um projeto de amor para a humanidade, tanto no campo da ciência como no da Palavra de Deus.

Temos, hoje, a clara percepção de que a realidade está em contínuo movimento e contínua transformação. Nada mais pode ser considerado estático, imóvel, hierárquico. Essa visão é cada vez mais necessária, para que a ciência e a fé, a tecnologia e a consciência voltem a convergir; e assim o anúncio não perca a força e a autoridade.

É tempo de um cristianismo encarnado! O evento da Encarnação constitui a verdadeira e absoluta novidade surpreendente do Evangelho: o Divino encarna-se no humano. É urgente que o dizer corresponda ao fazer; o parecer ao ser. Não serve a pressão exercida pelo dever de ser, mas que leve ao abandono e realize a afirmação paulina: "Já não sou mais eu que vivo, é Cristo que vive em mim" (Gl 2,20).

O famoso livro "DNA: o segredo da vida" (2005), de James D. Watson e Francis Crick, sustenta, cientificamente, que o amor está presente na essência do DNA, desde a célula primigênia, surgida há 3,8 bilhões de anos, até chegar a nós. O amor está inscrito em nosso DNA. O amor é cooperação, solidariedade e compaixão. O amor que surge entre dois seres, milhões de anos depois, teve sua origem nessa relação de ancestral amorosidade espontânea. Não apenas se adaptam às mudanças, mas geram novas transformações junto aos demais seres de tal forma que continuamente coevoluem. Tudo isso ocorre como um dado de realidade objetiva. Ao chegar ao ser humano, pode se transformar em algo subjetivo, num amor conscientemente assumido e vivido como um projeto de vida.

Dois cientistas chilenos, Humberto Maturana e Francisco Varela, aprofundaram também as pesquisas anteriores sobre a base biológica do amor. Eles veem o amor presente desde o início do universo. Cada ser se rege por dois processos: primeiro é de necessidade de interconectar-se com todos os demais para garantir mais facilmente sua sobrevivência. O segundo é de pura espontaneidade. Os seres se inter-relacionam por rara gratuidade, criando entre si laços novos e por afinidade, como se enamorassem reciprocamente. É a irrupção do amor no processo cosmogênico.

O testemunho de Watson, no referido livro, afirma: “Embora não seja religioso, vejo elementos profundamente verdadeiros nas palavras sobre o amor de São Paulo, na epístola aos Coríntios: ‘Se falasse todas as língua, se tivesse o conhecimento de todos os mistérios e de toda a ciência, senão tivesse o amor nada seria’. Paulo, em meu entendimento, revelou, com clareza, a essência de nossa humanidade. O amor, esse impulso que nos faz ter cuidado com o outro, foi que nos permitiu nossa sobrevivência e nosso sucesso no planeta. Tão fundamental é o amor a nossa natureza humana, que estou certo de que a capacidade de amar está inscrita em nossa DNA”. Um Paulo secular (Watson) diria que “o amor é a maior dádiva de nossos genes à humanidade” (p. 433-434).

A criação é a manifestação visível do Deus invisível. O Deus único pressupõe a percepção de um cosmos governado por um centro de ordenação vivificante, no qual tudo está correlacionado e interconectado. Por isso torna-se essencial destacar qual o nome que Jesus se dá a si mesmo: Filho de Deus. Isso vai mostrando a perspectiva de continuidade substancial entre divino e humano. Cristo não está no vértice, ele é o centro. Cristo é o centro de um sistema aberto, irradiante e em expansão, não o vértice de um sistema fechado. O universo não se apoia em estruturas hierárquicas, mas na conexão e inter-relação de sistemas centrados.

Que descoberta importante e maravilhosa: somos feitos por amor e para amar. Na origem de nosso ser estão a sobrevivência e o amor. Parabéns aos estudiosos e à ciência, que sempre ajudarão o ser humano a ser mais humano. E outra não é também a grande mensagem da Palavra de Deus? A grande mensagem da criação é que Deus criou o ser humano para ser feliz e para se unir em Aliança de amor com Ele.

III
O AMOR A PARTIR DA PSICOLOGIA

A. O Amor em ERICH FROMM

"O Amor é a força mais poderosa para comunicar uma nobre estrutura à totalidade da vida humana e realizar em toda a sua plenitude a ordem moral" (Dic. Filosofia. Herder, S. Paulo, 1962, p. 54).

Erich Fromm (1900-1980) é muito importante para começar este assunto, pois poucos autores ensinaram tanto sobre o amor quanto ele. Nascido em Frankfurt, em 1900, de uma família de judeus ortodoxos, cresceu lendo o Talmude e pensou seriamente em se tornar um rabino. Quando perdeu seu pai, ficou como que "sem ninguém".

Estudou na Faculdade de Frankfurt, cuja linha era a da Psicologia Humanista. Depois do casamento, perdeu a fé. Em 1934, fugiu da Alemanha nazista, que havia suprimido os direitos e as liberdades da população judia. Mudou-se para os Estados Unidos com outros integrantes da Faculdade.

As obras de Erich Fromm, sobretudo em dois livros: "Nunca é tarde para amar" e "A arte de amar", são iluminadoras para nos mostrar a grandeza do amor. Após o final da Segunda Guerra Mundial, existia um grande vazio de valores; uma crise existencial, que forçou grande parte dos psicólogos, filósofos e pensadores a reformular muitas ideias.

Ele nos deixou em 1980, mas seu espírito segue vivo, recordando-nos que "viver é nascer a cada instante", como escreveu Rafael Narbona.

O amor era e é, portanto, esse motor que nos levar a sermos melhores. Por isso somos obrigados a trabalhar de forma ativa em nossa personalidade e no crescimento pessoal, de maneira a satisfazer primeiro o amor-próprio (autoestima), para depois amar o outro com plenitude. Uma coisa assim requer uma verdadeira humildade, coragem, fé e disciplina. Há algo que precisamos admitir: que amar nem sempre é fácil. Requer coragem, ação, compromisso e também forte senso de humildade e responsabilidade. O amor é a única resposta para nossa existência; e é o sentimento que nos confere sentido, dignidade e significado, também para nossa sociedade, escreve Rafael Narbona.

Fromm estuda as diferentes formas de amar: o amor entre pais e filhos, o amor fraterno, o amor erótico, o amor a si mesmo e o amor a Deus. Ele apresenta os estereótipos de sua época, estabelecendo distinções entre o amor paterno e o amor materno. O amor da mãe é incondicional e o do pai inteiramente condicional. Em seu tempo ainda não tinha surgido a revolução sexual e o movimento feminista, que transformaram a sociedade.

"O amor não é um sentimento fácil para ninguém", adverte Fromm, pois não consiste em se fechar em uma bolha com a pessoa amada, mas em abrir-se ao mundo e ao conhecimento. Quem despreza a si mesmo é incapaz de amar. E quem só ama a si mesmo costuma ser infeliz, pois contempla os outros com indiferença, hostilidade e medo. Amar implica se arriscar, abandonando a segurança, que nos proporciona a rotina.

Erich Fromm afirma que "amar é fundamentalmente dar, não pedir ou exigir. O amor é uma forma de crescimento pessoal que nos faz mais humanos e solidários. Amar os de nossa própria carne não representa uma proeza. O amor deve se estender a todos os seres humanos. Só então se transforma em 'amor fraterno'. No próprio ato de dar, experimento minha força, minha riqueza, meu poder. Tal experiência de vitalidade e potência exaltadas me enche de alegria".

O "amor maduro" nunca é possessividade. Sente-se tão responsável pelos outros como por seu próprio bem-estar. "A pessoa que ama, responde." O amor não significa ausência de conflitos. Ele não é um lugar de repouso, mas "um desafio constante, um se mover, crescer, trabalhar juntos".

Amar significa incorporar outra vida em nossa existência, fundir a carne e o coração, dilatar nossa experiência, ser dois sem renunciar nossa identidade (amor conjugal). "Se amo a outra pessoa, sinto-me um com ela, mas com ela do modo como é, não como eu necessito que seja." O "amor maduro" é plasmado em um casal quando cada um conserva "a própria integridade, a própria individualidade". O amor não é submissão, nem dominação, mas liberdade e autonomia. Se nos amam de verdade, respeitarão nossa forma de ser. Fromm acredita no amor eterno. Como dizia Rafael Narbona: "Quando duas pessoas começam a se amar, sonham com uma relação para sempre".

1. O amor a Deus

Para amar é preciso ter fé e respeito. De origem judaica, Fromm entende que o amor a Deus é sumamente enriquecedor, mas não é a adoração de uma figura patriarcal, e sim o desejo de sentir um vínculo profundo com a totalidade, com o ser, com a vida. Ele considera que só é possível falar de Deus em um sentido poético e simbólico. Deus é amor e justiça; não um Ser Todo-poderoso que exige obediência cega e submissão absoluta. Essa ideia de Deus é infantil e incompatível com a dignidade humana, pois instiga a se resignar com as injustiças e humilhações.

O autor não se refere à fé de caráter religioso e a determinadas crenças: "A fé é a qualidade de certeza e firmeza que nossas convicções possuem". É imprescindível "ter fé" nos amigos e em nós mesmos, para adquirir compromissos e realizar projetos. Rafael Narbona escreve que, em um adulto, "a presença dessa fé é o que determina a diferença entre educação e manipulação".

2. Resumo dos Ensinamentos de Erich Fromm

a) "Na arte de amar", parte-se do princípio de que a maioria de nós não sabe amar. O amor é a preocupação ativa com a vida e com o crescimento de quem amamos. Ele era e é esse motor que nos leva a sermos melhores. Somos obrigados a trabalhar de maneira ativa em nossa personalidade e em nosso crescimento pessoal. O que requer humildade, coragem, fé e disciplina. Primeiro satisfazer o próprio amor (autoestima), para depois amar o outro em plenitude.

b) O amor pede uma atividade permanente, contínua, sem passividade ou esmorecimento.

c) O amor é uma arte, como a música, pintura, carpintaria, que precisa aprender. Aprender a amar. O amor infantil segue o princípio: "Amo porque me amam". "Te amo porque preciso de você." O amor maduro é diferente, "me amam porque amo"; "preciso de você porque te amo".

d) "Se duas pessoas deixarem a parede que há entre elas se quebrar, de repente, para se sentirem e se descobrirem, essa será uma das experiências mais emocionantes da vida."

e) O amor não é essencialmente uma relação com uma pessoa específica. As pessoas veem o amor como um objeto e não como "uma faculdade". Não se liga só com os laços de sangue. "Amar" é enriquecer nossa existência, é uma atitude capaz de conferir sentido a este mundo, um propósito capaz de transformar a sociedade. Na cultura moderna, pelo desejo de satisfazermos nossas necessidades, mercantilizamos até o amor.

f) É paradoxal que dois seres se tornem um e, ao mesmo tempo, continuem sendo dois. Não podemos nos esquecer de que a verdadeira arte de amar consiste em continuar sendo nós mesmos, mas envolvidos no mesmo projeto. Ser dois em um mesmo compromisso, ser dois orientados à responsabilidade de favorecer o próprio crescimento e o crescimento de seu par.

g) Há uma grande diferença entre apaixonar-se e continuar apaixonado. Para desenvolver um amor maduro, sábio e responsável, precisamos trabalhar quatro dimensões essenciais: o cuidado, a responsabilidade, o respeito e o conhecimento. A arte de amar se formula também como uma atitude ativa e responsável com a vida e com a sociedade. É uma força transformadora que requer consciência e não conformismo; que pede criatividade e não passividade.

h) Para amar é preciso ter fé e respeito. Fromm não se refere à fé de caráter religioso e a determinadas crenças: "A fé é a qualidade de certeza e firmeza que nossas convicções possuem". É imprescindível "ter fé" nos amigos e em nós mesmos, para adquirir compromissos e realizar projetos. "É a 'fé humana'; fé em si, nos outros e em nossos projetos que faz a vida melhorar", escreve Rafael Narbona (Unisinos e internet).

3. Conclusão sobre Erich Fromm

Entendo que os ensinamentos de Erich Fromm são plenamente válidos e atuais. Quanto à fé, ele fica mais no lado humano de seu significado; o que já é muito válido. Faltou o lado religioso, o âmbito do ser humano, que busca o sentido último da vida, em alguém além do tempo. Mas seus ensinamentos do amor, vistos do lado humano, são muito iluminadores e claros.

B. VIKTOR FRANKL e o SENTIDO DA VIDA

Viktor Frankl (1905-1997) nasceu no seio de uma família judia, no dia 28 de março de 1905, em Pohrlitz, um local tcheco situado a 80 quilômetros de Viena. Naquela época, Viena era uma das cidades mais deslumbrantes da Europa. Dividia com Budapeste a centralidade do Império Austro-Húngaro e era o símbolo de um estilo de vida tolerante e cosmopolita.

Ele desfrutou de uma infância venturosa e tranquila. Apesar de sua fragilidade e seu temperamento sonhador, sempre contemplou a vida como um dom, um maravilhoso presente, que precisava ser administrado com inteligência e ternura. Depois veio o nazismo, e perdeu toda a família.

O ambiente no qual conviveu era péssimo, pois havia todo tipo de miséria e de mortes. O trabalho esgotador, os maus-tratos e uma alimentação deliberadamente insuficiente reduziam os deportados a uma massa que se degradava dia a dia. A desnutrição matava o desejo e a compaixão, pois não havia espaço para os sentimentos, quando a prioridade era salvar a pele. A mente hibernava, despojando-se de emoções e ideias. Só perduravam as firmes crenças religiosas e as convicções políticas, pois resultavam úteis para a sobrevivência. Os céticos ou descrentes eram mais vulneráveis. Nos campos de concentração, o pior não era a dor física ou as cruéis privações, mas "a angústia mental, causada pela injustiça, pelo irracional de tudo aquilo".

Apesar de tudo, Frankl não caiu no desespero. Pensou que sua vida interior era uma poderosa ferramenta para suportar as calamidades, mas se apegou, sobretudo, à capacidade de experimentar o amor: "A salvação do homem está no amor e através do amor".

Bem mais tarde, em 1947, casou-se, pela segunda vez, com Eleonore Schwindt, uma enfermeira com quem passou o resto de sua vida. Foi Diretor de uma policlínica de neurologia de Viena até 1971; foi professor universitário na mesma cidade e trabalhou como professor convidado em diferentes universidades norte-americanas (Harvard, Stanford, San Diego, Dallas, Pittsburgh). Recebeu uma enxurrada de prêmios e distinções. Publicou trinta livros, que foram traduzidos para diferentes idiomas, dos quais podemos destacar "Psicoterapia e existencialismo" (a obra confiscada em Theresienstadt), "No princípio era o sentido", "Logoterapia e análise existencial", "Psicoterapia e humanismo" e "A presença ignorada de Deus".

Como o mundo poderia ser belo! Viktor Frankl considerava que Freud havia interpretado o ser humano a partir de baixo, atribuindo uma importância desmedida ao instintivo. Se não pudéssemos transcender o biológico e social, seríamos simples autômatos. Em sua opinião, é preciso olhar o ser humano a partir de cima. Ele destaca que as pessoas vivem e morrem por seus ideais e princípios.

Certa vez, Nietzsche escreveu: "Quem tem um porquê para viver quase sempre encontrará um como". Viktor Frankl aprofunda essa reflexão: "Quando se aceita a impossibilidade de substituir uma pessoa, adverte-se em toda a sua magnitude a responsabilidade que o ser humano assume diante de sua existência. O ser humano se torna consciente de sua responsabilidade diante do outro que o espera, com todo o seu afeto, ou diante de uma obra inconclusa, nunca poderá jogar sua vida fora. Conhece o porquê de sua existência e poderá suportar quase qualquer como".

O equilíbrio psíquico não reside na ausência de tensões, mas na tensão entre o que somos e o que queremos ser. Sempre devemos estar dispostos a rir de nós mesmos, pois o humor descontrai e nos ajuda a controlar as emoções. "O homem em busca de um sentido". Viktor Frankl escreverá: "Encontrei o significado de minha vida ajudando os outros a encontrar um significado em suas vidas. O que é, na realidade, o homem? É o ser que sempre decide o que é".

A "Logoterapia", método terapêutico criado por Viktor Frankl, estima que sua tarefa é ajudar o paciente a encontrar o sentido da vida. É uma psicologia humanizada, que reivindica a dignidade do ser humano, artífice da História e protagonista de sua própria história. A "logoterapia" ensina que "a felicidade não é uma pousada no caminho, mas uma forma de caminhar pela vida".

São ensinamentos seus dizer que nós podemos descobrir o significado da vida de três diferentes maneiras:

1. Fazer alguma coisa que dá prazer, descansa-me, relaxa-me. Desfrute a vida.

2. Depois, experimentando a alegria de fazer algo que me valoriza, porque é um dom meu: escrever, colaborar, cantar, trabalhar etc.

3. E também saber sofrer em vez de me revoltar, dar ao sofrimento o valor positivo.

Ter quatro atitudes:

1. "Quando a situação for boa, desfrute-a. Quando a situação for ruim, transforme-a. Quando a situação não puder ser transformada, transforme-se".

2. "Quando não podemos mais mudar uma situação, somos desafiados a mudar a nós mesmos."

3. "Encontrei o significado de minha vida ajudando os outros a encontrar um significado em suas vidas." "Quem tem um 'porquê' enfrenta qualquer 'como'."

4. "Tudo pode ser tirado de uma pessoa, exceto uma coisa, que é a última das liberdades humanas: a escolha da atitude pessoal diante de um conjunto de circunstâncias, para decidir seu próprio caminho." O pior, nos campos de concentração, não era a dor física ou as cruéis privações, mas "a angústia mental causada pela injustiça, pelo irracional de tudo aquilo".

Conclusão sobre Viktor Frankl

Esse autor realça a capacidade de experimentar o amor: "A salvação do homem está no amor e através do amor". Só o amor gera mais vida. A "logoterapia", seu método terapêutico, tem como tarefa ajudar o paciente a encontrar o sentido da vida. O que você acha? É fundamental!

IV
O AMOR TAMBÉM SE EDUCA

Ensinamentos do Dr. Içami Tiba, professor, psiquiatra e médico

"Educar para o amor verdadeiro e responsável dos filhos é a grande missão dos pais." Seguiremos as orientações de Dr. Içami Tiba (1941-2015), um professor, psiquiatra e médico brasileiro, e um dos autores mais competentes neste campo tão importante. Usaremos com maior ênfase seu livro "Quem ama, educa", que trata da formação de pessoas que respeitam as diferenças, o papel dos pais, da família e da escola nessa formação, e mostra como educação ou deseducação da criança influencia em sua vida adulta; não é um manual, como diz o autor; "filho não nasce com manual, pois ele é o próprio manual".

Segue-se, de forma sucinta, um pequeno resumo de uma das inúmeras palestras do Dr. Içami Tiba, e, também, com base no livro "Quem ama, educa":

1. A educação não pode ser delegada à escola. Aluno é transitório. Filho é para sempre.

2. O quarto não é lugar para fazer criança cumprir castigo. Não se pode castigar alguém com internet, som, tv etc.

3. Educar significa punir as condutas derivadas de um comportamento errôneo. Queimou índio pataxó, a pena (condenação judicial) deve ser passar o dia todo em hospital de queimados, para poder mudar.

4. Confrontar o que o filho conta com a verdade real. Se falar que professor o xingou, tem de ir até a escola e ouvir o outro lado, além das testemunhas.

5. Informação é diferente de conhecimento. O ato de conhecer vem após o ato de ser informado de alguma coisa. E não são todos os que conhecem e se convencem.

6. A autoridade deve ser compartilhada entre os pais. Ambos devem mandar. Não podem sucumbir aos desejos da criança. Criança não quer comer? A mãe não pode alimentá-la. A criança deve aguardar até a próxima refeição que a família fará. A criança não pode alterar as regras da casa. "A mãe não pode interferir nas regras ditadas pelo pai" (e nas punições também) e vice-versa. Se um disse que não ganhará doce, o outro não pode interferir. Tem de respeitar as opiniões dadas, sob pena de criar um delinquente. Em casa que tem comida, criança não morre de fome. Se ela quiser comer, saberá a hora. O adulto é que tem de dizer "qual é a hora da comida" e o que comer.

7. A criança deve ser capaz de explicar aos pais a matéria que estudou e a qual será testada. Não pode simplesmente repetir, decorado. Tem de entender e aplicar à vida.

8. Temos de produzir o máximo que podemos, pois na vida não podemos aceitar a média exigida pelo colégio. Não podemos dar 70% de nós, ou seja, não podemos tirar nota 7,0.

9. As drogas e a gravidez indesejada estão em alta porque os adolescentes estão em busca de prazer. E o prazer é inconsequente.

10. A gravidez é um sucesso biológico e um fracasso sob o ponto de vista sexual, quando é indesejada.

11. Maconha não produz efeito só quando é utilizada. Quem está são, mas é dependente, agride a mãe para poder sair de casa, para fazer uso da droga. A mãe deve, então, virar as costas e não aceitar as agressões. Não pode ficar discutindo e tentando dissuadi-lo da ideia. Tem de dizer que não conversará com ele e pronto. Deve "abandoná-lo" e só conversar quando ele estiver são.

12. A mãe é incompetente para "abandonar" o filho. Se soubesse fazê-lo, o filho a respeitaria. Como sabe que a mãe está sempre ali, não a respeita.

13. Homem não gosta quando a mulher vem perguntar: "E aí, como foi o seu dia?" O dia, para o homem, já foi, e ele só falará se tiver alguma coisa relevante.

14. Se o pai ficar nervoso porque o filho aprontou alguma coisa, não deve alterar a voz. Deve dizer que está nervoso, por isso não quer discussão até ficar calmo. A calmaria, deve o pai dizer, virá em 2, 3, 4 dias. Enquanto isso, o videogame, as saídas, a balada, ficarão suspensas, até ele se acalmar e aplicar o devido castigo.

15. Se o filho não aprendeu ganhando, tem de aprender perdendo.

16. Não pode prometer presente pelo sucesso que é sua obrigação. Tirar nota boa é obrigação. Não xingar os avós é obrigação. Ser polido é obrigação. Passar no vestibular é obrigação. Se ganhar o carro após o vestibular, ele o perderá, se desistir ou for mal na faculdade.

17. Quem educa filho é pai e mãe. Avós não podem interferir na educação do neto, de maneira nenhuma. Jamais. Não é cabível palpite. Nunca.

18. Mães estragam os filhos, muitas são loucas, e essas devem ser tratadas.

19. Se a mãe engolir sapos do filho, a sociedade terá de engolir os dele.

20. Videogames são uma maravilha para a criatividade, mas podem ser um perigo. Os pais têm de explicar como é a realidade. Na vida real, não existem 'vidas', e sim uma única vida.

21. Professor tem de ser líder. Inspirar liderança. Não pode apenas bater cartão.

22. Pai não pode explorar o filho por uma inabilidade que ele próprio tenha. "Filho, digite tudo isso aqui para mim

porque não sei ligar o computador." O filho tem de lhe ensinar para aprender a ser líder. Se o filho ensina o líder (pai), então ele também será um líder.

23. O erro mais frequente na educação do filho é colocá-lo no topo da casa. Não há hierarquia. O filho não pode ser a razão de viver de um casal. O filho é um dos elementos. O casal tem de o deixar, no máximo, no mesmo nível que eles. A sociedade pagará o preço quando alguém é educado achando-se o centro do universo.

24. Filhos drogados são aqueles que sempre estiveram no topo da família.

25. Cair na conversa do filho é criar um marginal. Filho não pode dar palpite em coisa de adulto. Se ele quiser opinar sobre qual geladeira adquirir, terá de saber qual é o consumo (KW/h) da que ele indicar. Se quiser dizer como deve ser a nova casa, tem de dizer quanto que isso (seus supostos luxos) incrementará o gasto final.

26. Dinheiro "a rodo" para o filho é prejudicial. Tem de controlar e ensinar a gastar.

Espero que os itens listados acima possam ajudar a todos nós a sermos filhos melhores, pais melhores e futuros pais conscientes e assertivos na educação de nossos futuros filhos. Até aqui são os ensinamentos do Dr. Içami Tiba.

Em resumo e como conclusão

Educar para o amor verdadeiro e responsável dos filhos é a grande missão dos pais. Educar é saber conduzir e orientar o filho(a) nos vários momentos e nas várias dificuldades da vida. É a maior missão dos pais; sem tirar a autoridade um do outro. Não pode ser deixada à escola e aos professores, nem aos avós.

É até os sete anos que se forma a personalidade afetiva dos filhos. O beijo e o abraço são os caminhos normais. Incentivar e animar os filhos para não terem medo e sempre se sentirem importantes e apoiados nas coisas boas e cobrar nas falhas. Eles devem ser sempre as maiores preocupações dos pais. E esses têm de ser claros e perguntar se entenderam bem suas propostas e seus pedidos.

Os filhos não podem ser os reis da casa, mas devem aprender a respeitar os pais, que são o alicerce da família. A última palavra dever sempre a dos pais e não a dos filhos, pois se supõe que os pais sejam mais maduros. A hora das refeições, sobretudo aos domingos, deve ser uma ótima oportunidade para certas conversas.

Os castigos têm de ser educativos e não punitivos. Também isso deve ser fruto de boa conversa. A mentira tem perna curta e não pode ser admitida. A verdade não merece castigo, pois errar é humano. A mesada deve ser pequena e cobrada nos gastos. Não pode prometer presente pelo sucesso, que é obrigação. Cair na conversa do filho é desconhecer que o filho é imaturo. Os maiores problemas dos filhos adolescentes estão na escola, por isso é fundamental conhecer seus colegas e amigos. Convidá-los a estudar em casa é uma ótima oportunidade para conhecê-los. Mas as maiores dores de cabeça estão nas drogas e na gravidez indesejada. Muitas vezes, os pais precisam de uma orientação de psicólogos ou sacerdotes.

Saber cobrar e saber ouvir os motivos das falhas é uma importante missão dos pais. E saber perguntar por que não deu certo ou fizeram errado. Não adianta gritar e muito menos bater. Tem de se fazer tudo na maior paz e serenidade possíveis. O diálogo é para saber ouvir e falar na hora certa. Se alguém está nervoso ou chorando, saiba parar e depois continuar. Ou escolher outro dia. Ensinamentos apoiados ("Paz e educação" e "Quem ama, educa!", de Içami Tiba, Ed. Gente).

Lembro-me das palestras e orientações do Dr. Içami Tiba, na Rede Vida. Percebe-se bem seu berço oriental. Mas seus ensinamentos continuam plenamente válidos e atuais. O testemunho de sua fé sempre foi evidente, pois "é no colo da mãe que aprendemos a falar com o Pai do Céu". Por isso aproveitamos bem seus ensinamentos.

V
O AMOR EM SANTO AGOSTINHO

1. Ensinamentos

Santo Agostinho (354-430) é o maior expoente da filosofia patrística. O grande livro dele e, talvez, o mais lido é "As Confissões". Um livro autobiográfico, no qual ele relata sua vida antes de se tornar cristão e de sua conversão. Comentando sua própria obra, Agostinho diz que a palavra confissões, mais que confessar pecados, significa adorar a Deus. É, portanto, um hino de louvor. Agostinho quer conhecer a Deus, porque sabe que por Deus é conhecido. Ele escreve sobre o quanto se arrepende de ter levado uma vida pecaminosa e imoral.

Muito tempo depois, produziu outra importante obra, "Cidade de Deus", em que busca refutar a declaração pagã de que o saque de Roma pelos visigodos, em 410, um evento que abalou profundamente o mundo romano, foi causado pela ascensão do cristianismo. O problema fundamental enfrentado por Agostinho é a Igreja espiritual em um mundo secular: a cidade de Deus na cidade deste mundo. No entanto ele fornece um registro ininterrupto do desenvolvimento de seu pensamento e é o mais completo registro de uma única pessoa, a partir dos 4º e 5º séculos. Seu trabalho teológico é imenso e apresentado também nas meditações espirituais.

Na filosofia moral de Agostinho, "o amor é o elemento-chave para a compreensão das ações humanas", pois constitui a força motriz que direciona o homem ao objeto desejado. É necessária, previamente, a análise do objeto verdadeiro buscado pelo homem, a saber, a verdadeira felicidade, o próprio Deus. A moral cristã é o meio purificador do amor humano e de sua conversão ao amor divino para o bem viver, intuindo que o homem pode viver segundo Deus, ensina Pedro Felipe dos S. Barros. O amor é "o motor que impulsiona todas as ações humanas em vista de determinado bem". Esse bem está ligado ao lugar que o homem ocupa na criação. Deus colocou o homem acima de todas as criaturas por ser a única que se autoquestiona acerca do sentido de sua existência, que corresponde a seu fim.

Para Agostinho, a felicidade é o objeto mais desejado pelo homem e ela se encontra na vida divina. Agostinho identifica que na vida temporal do homem há um hiato que o separa de sua realização: os inúmeros males que o atingem de diversas formas. Os males morais são provenientes das más escolhas que os homens fazem e, assim, vivem desregradamente abandonando a vida divina. Faz isso porque possui o livre-arbítrio.

A corrupção do ser se dá por nossa vontade livre. O homem se corrompe quando embota sua razão pelas más ações e a vida desregrada, submeteno-se às paixões materiais e carnais. As paixões são os movimentos irracionais da alma, é algo que temos em comum com os animais selvagens. Assim, quando vive imoralmente, o homem se assemelha cada vez mais aos seres irracionais e desvirtua-se, no lugar a que Deus o destinou, ensina Pedro Felipe dos S. Barros.

A Igreja é chamada de casa da disciplina. A perda da humanidade se deve à desordem da hierarquia dos bens, ao mau uso do livre-arbítrio e pelo amor desordenado dos bens. A moral cristã é o meio purificador do amor humano e de sua conversão ao amor divino para o bem viver, intuindo que o homem pode viver segundo Deus ou sob seus instintos. Por fim, mostramos que Agostinho elabora uma regra moral para a promoção do bem viver que, unida à moral cristã, reordenará o amor humano.

A doutrina de Cristo visa reordenar o amor do homem a seu bem viver. Na disciplina cristã, Agostinho demonstra que só poderá ser verdadeiramente cristão aquele que disciplinar seu amor, acarretando uma autopurificação interior. Viver segundo Deus é submeter-se à ordem por ele expressada.

Baseado no preceito do amor a Deus, ao próximo e a si mesmo, esse critério para a promoção da ordem moral faz uma distinção entre os bens a serem utilizados e o bem a ser fruído, cada um com o amor que lhe é devido. Fruir é amar uma coisa por si mesma, pois esta possui um valor intrínseco; utilizar é amar algo em vista daquilo que deve ser vivido. Tais bens têm um valor relativo. Devemos participar de Deus, único bem a ser amado por si mesmo. Tudo mais deve ser utilizado por amor a Ele.

Os homens são chamados em seu conjunto a se amarem no amor divino, pois todos são chamados àquela vida transcendente e plena. O amor a si mesmo deve ter o mesmo critério do amor ao próximo: ama-se o próximo quando deseja levá-lo a Deus e a si mesmo quando estiver na vida plena (Pedro Felipe dos Santos Barros – UFP. Recife, 2017).

2. Pensamentos de Santo Agostinho para ler e meditar

1. Para quem ama Jesus, a própria dor consola.

2. Que maior causa pode haver na vinda do Senhor, senão mostrar-nos Deus seu amor?

3. Que o homem, alegrando-se em ser amado por Aquele que teme, ouse amá-lo também e tema desagradar seu amor, ainda que pudesse fazê-lo impunemente.

4. Somente serás agradável a Deus, quando Deus te for agradável.

5. Ama aquele que habita em ti desde o batismo. Porque, habitando mais perfeitamente em ti, te fará cada dia mais perfeito.

6. Deus precisou de apenas uma palavra para criar--nos, mas de seu sangue para redimir-nos. Se, às vezes, te sentes frustrado por tuas misérias, recorda quanto custaste.

7. Amando a Deus nos tornamos divinos; amando ao mundo nos tornamos mundanos.

8. O amado participa da característica do amante. Por isso, quando se ama o eterno, a alma participa da eternidade.

9. Dois amores construíram duas cidades. O amor de Deus construiu Jerusalém. O amor do mundo ergueu a Babilônia.

10. O amor é como a mão da alma. Enquanto segura uma coisa não pode pegar outra. Por isso, quem ama o mundo não pode amar a Deus. Está com a mão ocupada.

11. É uma lei de justiça retribuir o que se recebeu. Como Deus nos deu o que somos, devolvamos-lhe todo o nosso ser.

12. Se Deus é o bem supremo do homem, viver bem não pode consistir em outra coisa do que em amá-lo com toda a nossa mente e alma (Prof. Felipe Aquino).

3. Oração: "Tarde te amei"

1. Tarde te amei, ó Beleza tão antiga e tão nova... Tarde te amei! Trinta anos estive longe de Deus. Mas, durante esse tempo, algo se movia dentro de meu coração... Eu era inquieto, alguém que buscava a felicidade, buscava algo que não achava... Mas Tu Te compadeceste de mim e tudo mudou, porque tu me deixaste conhecer-te. Entrei em meu íntimo sob tua Guia e consegui, porque tu te fizeste meu auxílio.

2. Tu estavas dentro de mim e eu fora... Os homens saem para fazer passeios, a fim de admirar o alto dos montes, o ruído incessante dos mares, o belo e ininterrupto curso dos rios, os majestosos movimentos dos astros. E, no entanto, passam ao largo de si mesmos. Não se arriscam na aventura de um passeio interior. Durante os anos de minha juventude, pus meu coração em coisas exteriores que só faziam me afastar cada vez mais d'Aquele a Quem meu coração, sem saber, desejava... Eis que estavas dentro e eu fora! Seguravam-me longe de Ti as coisas que não existiriam senão em Ti. Estavas comigo e não eu Contigo...

3. Mas Tu me chamaste, clamaste por mim e Teu grito rompeu minha surdez... Fizeste-me entrar em mim mesmo... Para não olhar para dentro de mim, eu tinha me escondido. Mas Tu me arrancaste de meu esconderijo e me puseste diante de mim mesmo, a fim de que eu enxergasse o indigno que era, o quão deformado, manchado e sujo eu estava. Em meio à luta, recorri a meu grande amigo Alípio e lhe disse: "Os ignorantes nos arrebatam o céu e nós, com toda a nossa ciência, debatemo-nos em nossa carne". Assim me encontrava, chorando desconsolado, enquanto perguntava a mim mesmo quando deixaria de dizer: "Amanhã, amanhã"... Foi então que escutei uma voz que vinha da casa vizinha... Uma voz que dizia: "Pega e lê. Pega e lê!"

4. Brilhaste, resplandeceste sobre mim e afugentaste a minha cegueira. Então corri à Bíblia, abri-a e li o primeiro capítulo sobre o qual caiu meu olhar. Pertencia à carta de São Paulo aos Romanos e dizia assim: "Não em orgias e bebedeiras, nem na devassidão e libertinagem, nem nas rixas e nos ciúmes. Mas revesti-vos do Senhor Jesus Cristo" (Rm 13,13s). Aquelas Palavras ressoaram dentro de mim. Pareciam escritas por uma pessoa que me conhecia, que sabia de minha vida.

5. Exalaste Teu Perfume e respirei. Agora suspiro por ti, anseio por ti! Deus... de Quem separar-se é morrer, de Quem aproximar-se é ressuscitar, com Quem habitar é viver. Deus... de Quem fugir é cair, a Quem voltar é levantar-se, em Quem apoiar-se é estar seguro. Deus... a Quem esquecer é perecer, a Quem buscar é renascer, a Quem conhecer é possuir. Foi assim que descobri a Deus e me dei conta de que, no fundo, era a Ele, mesmo sem saber, a Quem buscava ardentemente meu coração.

6. Provei-Te, e, agora, tenho fome e sede de ti. Tocaste-me, e agora ardo por Tua Paz. 'Deus começa a habitar em ti quando tu começas a amá-lo'. Vi dentro de mim a Luz Imutável, Forte e Brilhante! Quem conhece a Verdade conhece esta Luz. Ó Eterna Verdade! Verdadeira Caridade! Tu és meu Deus! Por Ti suspiro dia e noite desde que Te conheci. E mostraste-me então Quem eras. E irradiaste sobre mim Tua Força dando-me Teu Amor!

7. E agora, Senhor, só amo a Ti! Só sigo a Ti! Só busco a Ti! Só ardo por Ti!

8. Tarde te amei! Tarde te amei, ó Beleza tão antiga e tão nova! Tarde demais eu te amei! Eis que estavas dentro, e eu, fora – e fora te buscava, e me lançava, disforme e nada belo, perante a beleza de tudo e de todos que criaste. Estavas comigo, e eu não estava Contigo... Seguravam-me longe de ti as coisas que não existiriam senão em ti. Chamaste, clamaste por mim e rompeste minha surdez. Brilhaste, resplandeceste, e a Tua Luz afugentou minha cegueira. Exalaste teu Perfume e, respirando-o, suspirei por ti, te desejei. Eu te provei, te saboreei e, agora, tenho fome e sede de ti. Tocaste-me e agora ardo em desejos por Tua Paz! (Santo Agostinho, *Confissões* 10,27-29).

4. Conclusão

Agostinho, o homem que buscou; buscou até achar. Ó Beleza tão antiga e tão nova! Tarde demais eu te amei. Mas como para Deus nada é tarde e tudo tem sua hora, Agostinho, pelas orações da Santa Mônica, sua mãe, e com a orientação amiga do grande mestre, Santo Ambrósio, soube dar a grande virada de sua vida: "Agora suspiro por ti, anseio por ti! Deus"... Conheceu o "Amor de Deus". Conheceu o "Médico dos Médicos". Mais tarde, foi Bispo de Hipona, na África, fundador dos Padres Agostinianos e grande escritor. Faz bem a todos que leem suas "Confissões". Quem achou, agradeça; quem está na busca, não desanime; e quem não sabe, busque ajuda.

VI
O AMOR EM SÃO FRANCISCO DE SALES

Apesar do acentuado processo de secularização, hoje se sente muita falta de espiritualidade. São Francisco de Sales (1567-1622) marcou a vida da Igreja por sua caridade Pastoral. "Doutor no Amor de Deus" desenvolveu uma pedagogia para progredir na Santidade. É um caminho exigente, cheio de bom senso, simplicidade e bom humor, mas que nos leva a uma verdadeira conversão do coração. É de seu exemplo e sua santidade que os Padres Salesianos, de São João Bosco, recebem seu nome.

O "Tratado do amor de Deus", grande obra de São Francisco de Sales, é feito para ajudar as pessoas a aperfeiçoarem-se. "Fui obrigado a ensinar muitas coisas desconhecidas do povo, mas é para que as pessoas que queiram possam ir colher as pérolas e outras pedras preciosas nos abismos do oceano", afirma o santo.

Primeiro se fala do diálogo com as pessoas de hoje, pois, cada tempo é diferente. Depois fala do amor de complacência ou da alegria e, por fim, do amor de benevolência (ou de misericórdia). Vamos explicar um pouco.

1. Amor de complacência (alegria)

Em que consiste essa alegria? Na meditação sobre as infinitas perfeições de Deus. Quando temos um ardente amor a uma pessoa, sentimos grande alegria em pensar nas suas belas qualidades: falamos delas aos outros e a nós mesmos; e tudo o que a exalta, tudo o que a engrandece, causa prazer; gozamos de sua felicidade. Que alegria não deve ser sentir aquele que ama a Deus, vendo-o tão formoso, tão perfeito, tão santo, tão grande e, ao mesmo tempo, tão bom!

Jesus sempre põe toda a sua complacência e alegria em seu Eterno Pai. Felicitemo-lo pela alegria que ele sente; sobre sua imensidade, sua bondade, sua onipotência. Nós também devemos pôr toda a nossa felicidade em nos perdermos nesses sagrados abismos, admirando quanto o amor de Deus é grande e superior a todo o ser.

Consequências: a pessoa livre de todo o apego eleva-se ao céu com santos desejos de ver, às claras, o Deus que ela ama, de louvá-lo infinitamente, de amá-lo em um eterno êxtase. Quer tudo o que Deus quer, deseja tudo o que ele deseja, ama tudo o que ele ama, aborrece tudo o que ele aborrece, e nada mais quer, nem deseja, nem ama, nem aborrece. Na adversidade como na prosperidade, na tristeza como na alegria, na doença como na saúde, na pobreza como na abundância, valoriza mais a vontade divina e fica contente com Deus.

Unidos à vontade divina fazemos rápidos progressos nas virtudes, principalmente no santo amor, porque sente que Deus o merece, e que à medida que o ama mais, acha-o cada vez mais amável; e, adiantando-se deste modo, nada lhe parece penoso, porque não há pena, quando se ama, ou se há alguma pena, ama-se a mesma pena. Depois de estarmos sempre contentes com Deus e com o governo de sua Providência para conosco, tudo acontecerá para o bem dos que amam a Deus. Resumindo com as palavras de Santo Agostinho: “Deus está contente com quem está contente com Ele”.

2. Amor de benevolência (misericórdia)

É o amor que consiste em um grande desejo de que Deus seja conhecido, amado e servido, seu nome santificado e exaltado e a sua vontade feita por todos os homens, ensina São Francisco de Sales. É o amor que está sempre em ação, para fazer todo o bem a quem quer que seja e que lhe seja possível; e não mede sacrifícios para servir, pois todos somos amados por Deus e irmãos uns dos outros. Por isso não pode ver, sem extrema dor, que, no mundo, se ofenda a Deus e seu sonho de fraternidade. Chora, pede perdão a Deus, faz penitência e oferece-se com todas as suas obras como vítima expiatória, consentindo de bom grado em padecer tudo, até a morte, para que Deus não seja mais ofendido e os pecadores se convertam.

Finalmente, não podendo amar e fazer que ame a Deus quanto ele deseja, convida todas as criaturas, até as inanimadas, a juntar-se a ele para cantar seus louvores: "Adoremos Nosso Senhor em seu amor de benevolência incomparável. Ele nos mostrou como é grande o amor de seu eterno Pai. Desceu à terra para aí destruir o mal, para que todo o mundo conhecesse o projeto de Deus cheio de amor, de verdade e de respeito, para lhe alcançar toda a pessoa de boa vontade. Admiremos esse amor de benevolência e agradeçamos a Nosso Senhor o belo exemplo que nos dá. Jesus é o "Bom Samaritano", que o Pai nos enviou.

3. Conclusão

São Francisco de Sales marcou a vida da Igreja por sua "caridade Pastoral". Foi o Bispo de Genebra, que soube ser "o Pastor do amor e da alegria". Tem uma frase que marca bem sua espiritualidade: "Ser alegre ajuda muito na vida, pois um Santo triste é um triste santo". Como grande Mestre, soube orientar por seu livro "Tratado do amor de Deus". Ele soube ensinar que o amor de Deus nos faz felizes, mas só os pequenos compreendem a grandeza desse amor. Os grandes não conseguem, pois Jesus, "Médico dos

Médicos", continua desconhecido, por isso o amor está doente. Ele dá dois modelos: o amor complacente e o amor benevolente.

No Amor Complacente (ou da alegria) ele mostra como é feliz quem descobre o amor eterno de nosso Deus em si e em nós. Nosso Deus é grande!

No Amor Benevolente (Misericordioso), Jesus é o "Bom Samaritano" do Pai, caridoso, beneficente, bondoso, fez o bem e trouxe o consolo e a paz. A alegria de Jesus era fazer a vontade do Pai, mas há pessoas que não gostam de fazer o bem; outras o fazem porque são mandadas, mas não é de coração.

É importante ressaltar a ligação de São Francisco de Sales e São João Bosco. Esse não se limitou a tomar emprestado o nome de Francisco de Sales (Salesianos); fixou-se no essencial: o amor que ele vive e propõe desde a amabilidade, a doçura, a compreensão, a paciência, a simplicidade na entrega e no sacrifício, o perdão, a confiança. São Francisco de Sales tem uma espiritualidade simples, porque é essencial; popular porque aberta a todos; simpática porque é carregada de valores humanos, por isso particularmente disponível à ação educativa. Daí a ligação entre os Salesianos e São Francisco de Sales.

Deus chama todos os cristãos à santidade, ensina São Francisco de Sales. E São João Bosco aplicou seu ensinamento no campo da educação da adolescência e das crianças, bem como em seus "Oratórios".

VII
O AMOR EM SANTO AFONSO

1. "A melhor forma de retribuir o amor é amando!"

Santo Afonso (1696-1787), fundador da Congregação do Santíssimo Redentor (Redentoristas), foi um grande Missionário, extremamente zeloso e comprometido com a fé do povo, principalmente com os mais simples e abandonados. Viveu em uma época difícil por causa do Jansenismo (rigorismo) e do Laxismo. Sua maior preocupação era apresentar um caminho seguro para uma espiritualidade autenticamente cristã, capaz de chegar aos ouvidos e ao coração de todos, dos mais simples aos mais cultos.

Santo Afonso sempre sentia o arder de fogo de seu coração, o que é, também, expresso em suas obras, abrasadas de zelo divino e apostólico. Um autor exalta Santo Afonso como "herói no amor divino, que tinha experimentado em seu próprio corpo e alma os diversos fenômenos da união mais íntima com Deus". A mensagem da "Redenção misericordiosa para todos", começando em sua conversão pessoal, é o fundamento de toda a Teologia e santidade de Santo Afonso. Eu entendo que ele, como grande místico, soube resumir os três mistérios principais de nossa Redenção de um modo fantástico. Na Encarnação, Jesus nos mostrou "um grande amor" (Jo 3,16); na Redenção de Cruz, mostra o "supremo amor" (Jo 13,1); e na Eucaristia, demonstra um "louco amor" (1Cor 11,24).

Vale a pena lembrar um pequeno opúsculo, chamado "'pequenos tratados", em que o grande doutor fala sobre o "Amor Divino", seu assunto predileto. Aqui temos como que um resumo sucinto de toda a doutrina espiritual do Santo, a qual inteiramente converge para o amor de Deus. Fazer crescer o amor. "O caminho do amor parece-me ser o mais seguro, e isso para todos."

Santo Afonso tem outras obras e escritos sobre o amor a Jesus Cristo, como "Visitas ao Santíssimo Sacramento" e o "Grande meio da Oração". No livro "Visitas a Jesus sacramentado e a Nossa Senhora", temos uma das mais belas expressões de amor a Jesus, presente na Eucaristia, e a Nossa Senhora. Escrito com linguagem popular e piedosa, o livro é indicado para todos aqueles que procuram crescer espiritualmente, por meio da oração, da união com Deus e da devoção a Nossa Senhora.

Sem dúvida, o livro "A Prática do Amor a Jesus Cristo", de 1768, é considerada uma das principais obras de ascese da espiritualidade moderna, em que Santo Afonso apresenta o caminho fundamental de uma espiritualidade autêntica, que tem como essência o amor a Jesus Cristo. Ensina ele que "a melhor forma de retribuir o amor é amando".

Jesus Cristo é o amor do Pai encarnado. Um amor enlouquecido, capaz de esvaziar-se totalmente de sua divindade para solidarizar-se com nossa natureza humana: "Foi por amor que esqueceu sua dignidade". Para Afonso, o maior ato de amor do Divino Redentor foi a cruz, porque o tempo de sua morte era o tempo desejado por Ele. Queria dar à humanidade a última prova de amor, morrendo por nós em uma cruz, consumido de dores.

Expressar nosso amor a Jesus Cristo é sempre um grande desafio, pois, humanamente, nada será suficiente para honrá-lo e glorificá-lo. Nesse sentido, Santo Afonso afirma que a melhor forma de retribuir o amor é amando: "Quem ama, necessariamente, deseja ser amado". Não se trata de uma barganha ou mesmo de uma dívida de consciência, mas de um profundo desejo de amar aquele que nos amou primeiro.

O amor a Jesus Cristo não se resume a um sentimento vazio e intimista, mas se configura em compromisso de caridade e doação aos irmãos. Utilizando-se das palavras de São Paulo, Afonso afirma que "o amor de Cristo nos constrange e incomoda". Da mesma forma, nosso amor deve ser fraterno, generoso e permeado por atitudes de misericórdia e caridade. Por isso Santo Afonso funda a Congregação do Santíssimo Redentor (Redentoristas), para ensinar como o Amor de Deus é Misericordioso com todos.

Essa obra mostra-nos o grande tesouro espiritual que Santo Afonso deixou para aqueles que desejam se aproximar do Divino Amante. Assim como em uma união esponsal, Ele deseja, constantemente, estar unido a nós pelo amor. "Ó Amor Eterno, minha alma vos busca e vos acolhe para sempre. Vinde, inflamai nosso coração em vosso amor. Ou amar ou morrer"!

Na celebração dos 150 anos de proclamação de Santo Afonso como Doutor da Igreja (23.3.1871-23.3.2021), o papa Francisco enviou uma Mensagem importante a nossa Congregação Redentorista. Tentarei resumi-la, diz ele: "A Salvação é obra da Misericórdia de Deus. E os Redentoristas devem ser Missionários da 'Copiosa Redenção'. Santo Afonso viveu em tempos difíceis, pelo Jansenismo (rigorismo) e pelo Laxismo. Mas Santo Afonso – santo e sábio – soube escolher o caminho do meio, do equilíbrio".

O papa Francisco pede-nos para "'Escutarmos a realidade", para encarnarmos a realidade. Depois nos lembra o grande ensinamento de Santo Afonso: "Uma consciência madura para uma Igreja madura". A importância da formação da consciência, pois é lá que temos o real encontro com Deus. E, por último, pede-nos para não absolutizarmos os direitos dos fortes em detrimento dos mais fracos. E que a Academia Alfonsiana, dentro do Kerigma, promova os mais fracos e humildes, defendendo a vida, a Criação e a Fraternidade.

2. A Grande colaboração de Santo Afonso

Como grande teólogo e místico e com sua visão pastoralista, Santo Afonso soube colocar o amor no centro de nossa fé. O amor a Jesus como resposta ao amor do Pai e posto em prática. "Prática de Amar a Jesus Cristo."

Desde a mais tenra idade, começou a amar a Deus e, quando jovem, aplicou-se especialmente em conhecer a santa vontade divina e cumpri-la perfeitamente. Em seus escritos e em suas músicas, o "amor misericordioso de Deus" ocupa o centro de sua vida e de toda a sua obra. Tanto meditando o mistério da Encarnação, com o nascimento de Jesus, como no mistério da Redenção, com a morte, paixão e Ressurreição de Jesus e, mesmo no mistério da Eucaristia e sua presença, Santo Afonso só muda os adjetivos que qualificam o amor. No Nascimento, Jesus revelou seu "grande amor"; na paixão, seu "supremo amor"; e na Eucaristia, seu "louco amor". Quais namorados que nunca se separam!

No campo da Moral, em que é Doutor da Igreja, como lembrou-nos o papa Francisco, apesar das dificuldades de seu tempo, Santo Afonso proclama o amor misericordioso de Deus e o respeito à consciência pessoal. "Jesus Cristo não satisfez seu amor, fazendo-se nosso constante companheiro; quis ainda fazer-se nosso sustento, a fim de se unir intimamente a nossa alma e santificá-la com sua presença", ensina Santo Afonso.

A maior obra de Santo Afonso foi fundar a Congregação do Santíssimo Redentor (Redentoristas), para anunciar "abundante Redenção" a todos, especialmente aos mais abandonados, pelos trabalhos Missionários e Evangelizadores. Profundamente mariano, ensina que Maria é a "Dulcíssima Esperança".

VIII
O AMOR NA FAMÍLIA

1. Fundamentos da união entre homem e mulher

O fundamento da união entre o homem e a mulher é o amor. Só o amor verdadeiro, maduro e responsável pode levar uma pessoa a se consagrar totalmente a outra; pois há uma doação, entrega e complementação de um pelo outro. Só tem sentido uma entrega de vida ao outro para fazê-lo feliz. Com isso há o crescimento, que vem da união e dos valores de cada um dos dois, como pessoas, nas várias dimensões e áreas da vida. Mas com os valores vão os desvalores e os defeitos. Precisamos de maturidade e paciência.

Há três graus no amor:

1. Eu gosto muito de você (Eros);
2. Vou ajudá-lo a ser feliz (Philia);
3. Sua felicidade me faz muito feliz. Darei minha vida por você (Ágape).

a) Conhecer-se é algo básico para a convivência; pois ninguém ama o que não conhece. Aprender a conversar é a base do diálogo. E o diálogo conjugal é o maior apoio para a complementação e a interatividade na família. Pelo menos uma vez por mês devem fazê-lo. São quatro assuntos principais: Nós e Nós (casal), nós e os filhos, nós e o trabalho, e uso de dinheiro, nós e Deus. A confiança vai aumentando, com isso, a solidariedade mútua. O egoísmo é o maior inimigo dos lares. A verdadeira felicidade na vida conjugal está em querer o bem do outro, mais do que o próprio bem. Não devemos dizer "quero casar-me para ser feliz"; mas "quero casar-me para fazer a felicidade do outro".

b) Saber dar tempo um ao outro é um modo de valorizar o outro. Preocupar-se em fazer o outro feliz, agradar, caprichar, agradecer também é. Quando a pessoa é valorizada, fará as coisas com mais alegria e melhor. A Paz e a harmonia são as verdadeiras riquezas de uma família.

c) A educação de afetividade é maior e mais abrangente que a educação sexual. Hoje, pelos meios de comunicação, há uma explosão de atos sexuais, como o beijo e o ato sexual em si, mas que ocorrem de olhos fechados, em que a pessoa do outro não existe, mas meu prazer aqui e agora. Ora, o namoro e o casamento são buscas para uma complementação de vidas: "Quero casar-me para fazer a felicidade do outro". A sexualidade é um dom dado por Deus para a complementação do amor conjugal. Mas tantas vezes, por falta de orientação e formação, torna-se um tormento na vida a dois. E o planejamento familiar, com a adoção do método Billings, sobre a fertilidade da mulher, é um excelente estímulo para manter sempre a atração inicial do casal e não cair na monotonia da conjugação carnal.

d) Não conheço casais perfeitos, estou procurando; mas a luta é diária. Agredir, faltar com respeito, gritar não ajudam, apenas atrapalham; saber escolher a hora para conversar é importante. Os filhos não devem participar das desavenças. A sós, discretamente, tranquilos, é mais fácil. Às vezes, há necessidade de terapia de casal, para superar desavenças.

e) O matrimônio cristão é para quem tem fé e sabe que Deus é importante na vida do ser humano, e também na vida a dois. Deus é a fonte do verdadeiro amor. "Os dois serão uma só carne" (Mc 10,8). A graça especial do Matrimônio cristão é a fidelidade no amor mútuo e viver unidos até a morte. A presença de Deus, a comunhão, a oração nos fortalecem nessa união. Fora disso, o casamento religioso não tem sentido.

f) Ter filhos deve ser o ideal de todos os que se casam; dar a outros a chance de viver o dom da vida e do amor. Os filhos são a grande fonte de união e de vida para todos os casais. Há gente que pensa diferente, por causa dos animais domésticos. A hora e o momento devem ser assuntos sérios para os dois. A educação religiosa dos filhos é assunto muito importante. Os pais devem ser os primeiros catequistas dos filhos, sobretudo pelo exemplo (AL, n. 200).

g) O casamento não é coisa só dos dois, mas também das famílias. É bom conversar sobre isso na fase de namoro e um procurar ajudar o outro. Quanto mais entrosamento, melhor; vão precisar da família. A verdadeira felicidade está na própria casa, entre os membros da família e na comunidade.

h) Redescobrir o valor da Família ou Igreja doméstica, que teve um ímpeto renovado nesses últimos meses, caracterizados pelo confinamento. Dom Grech observa que certo clericalismo desgastou, desde o século IV, a natureza e o carisma da família como "Igreja doméstica". E isso apesar de o Concílio Vaticano II ter recuperado "a noção da família como Igreja doméstica (LG 11, AA 11) e ter desenvolvido o ensinamento sobre o sacerdócio comum" (LG 10). Para o secretário do Sínodo, "assim como era nos primeiros séculos, também, hoje, a família deveria ser uma fonte de vida cristã". Além disso, "como estrutura básica e permanente da Igreja, deveria ser restituída à família, domus ecclesiae, uma dimensão sagrada e cultual".

Dom Grech lembra que tanto Santo Agostinho quanto São João Crisóstomo ensinaram, no rastro do judaísmo, que "a família deve ser um ambiente em que a fé possa ser celebrada, refletida e vivida. É dever da comunidade paroquial ajudar a família a ser escola de catequese e sala litúrgica onde o pão possa ser partido sobre a mesa familiar. "Os pais, em virtude da graça do sacramento do matrimônio, são os 'ministros do culto', que, durante a liturgia doméstica, partem o pão da Palavra, rezam com ela, e assim ocorre a transmissão da fé aos filhos", afirma Dom Grech. E ele espera que o Senhor multiplique os muitos exemplos de famílias "criativas no amor", prontas para a "criação de espaços para a oração, assim como para a disponibilidade em relação aos mais pobres".

2. Problemas nas famílias

O amor só é possível se a fé for forte e a esperança alegre. São as três virtudes principais e mais importantes. Mas a maior de todas é o amor.

a) Mudanças sociais: Antes, vivíamos um tipo de família patriarcal, em que o pai era o cabeça da família. Nos últimos 150 anos, três fatores marcaram a humanidade em relação à família: 1) a revolução industrial do séc. XIX e as duas guerras mundiais; por tudo isso as mulheres tiveram de ocupar o lugar dos homens, nas famílias e nos escritórios; 2) o desenvolvimento dos métodos contraceptivos, pílula anticoncepcional e bancos de esperma e de óvulos e a inseminação artificial, o que possibilitou o controle de natalidade e melhor planejamento dos filhos; 3) aumento e diversidade de substâncias químicas, como maconha, cocaína etc., que, à semelhança do álcool de antigamente, levam a atos de violência imensa na família e na sociedade.

Agora, no século XXI, a mulher e os filhos interferem muito mais. Há uma busca de que todos, pais e filhos, participem mais, sobretudo, nas questões de saúde, educação e segurança da família, mas sabendo que a decisão final deve estar nas mãos dos pais; hoje, infelizmente, os chefes da família, em sua maioria, são somente a mãe ou a avó.

Falando de casamento, as fases preliminares são o namoro e noivado. Ser feliz é o que se busca na vida a dois; mas a realização é colaboração mútua.

b) No casamento, há etapas: os drs. André I. Petroucic (médico) e Sílvia C. Petroucic (psicóloga), em seu livro "Casamento hoje", mostram que o matrimônio tem cinco fases: encantamento, desencantamento, elaboração, reintegração e a última pode ser a separação ou a morte (p. 69ss). Só se deve passar para a outra fase quando tivermos vencido a fase atual. Não podemos ter pressa. O casamento é uma tarefa a ser construída, o que exige a doação de cada um. Os primeiros anos são de adaptação e conhecimento mútuo. Quando insistimos mais nos defeitos que nas qualidades, entramos em um campo perigoso. Os filhos são o grande acontecimento fixador da luta da família. Eles são a grande motivação para a vida a dois.

Mais à frente, em seu livro, acentuam quatro pontos fundamentais para solidificar e amadurecer a vida conjugal: sexo, educação financeira, crianças e o perdão. São temas deveras importantes; desconhecê-los provocam muitas tragédias familiares! (p. 77ss).

c) Os maiores problemas da família, hoje, para o papa Francisco, são o divórcio e um segundo casamento, a própria definição de casamento (ou matrimônio) e a situação dos fiéis LGBT's na Igreja. Nós, padres e bispos, "Somos chamados a formar as consciências, não pretender substituí-las", escreve o Papa. E nos ensina três palavras que são importantíssimas na pastoral Familiar e manifestam as dimensões mais importantes para a família crescer: "por favor", "obrigado" e "me perdoe". A primeira lembra o respeito mútuo no casamento e a vontade de colaborar sempre. A segunda lembra a gratidão por tudo o que se faz na família, pois ninguém é obrigado a fazer nada à força e todos podem ajudar em tudo, afinal não existe trabalho só de mulher ou só de homem, todos podemos fazer de tudo, basta querermos, termos boa vontade e aprendermos. A última, que é o perdão, faz falta na vida de todos, porque todos somos fracos e erramos, pois ninguém é perfeito; e o perdão nos anima a cada dia sermos melhor.

d) São vários os problemas na pastoral familiar, hoje. Ressaltaria: desemprego, separações, namoros precoces, drogas e bebida alcoólica (sobre esses dois já vimos a Palavra de Dr. Içami Tiba). Há, ainda, bastante desinformação sobre os principais motivos para a declaração de nulidade matrimonial: como gravidez, fugir de casa, vícios, pais que brigam etc. E um dos problemas ainda é a ajuda de custo.

e) Diante da situação atual, surgiram novos problemas para as famílias: lares destruídos por tantas mortes de pais e mães; a falta de estrutura e as falhas no atendimento estenderam-se por todo o Brasil. O Estado foi cruel com muitas famílias. É algo que não pode passar porque vai mexer com toda a estrutura da família, de quem ficou. "Não foi o Covid que a matou, foi a falta de oxigênio." "O que aconteceu para mim foi um homicídio." "Isso é muito revoltante." "Tem sido complicado assimilar o luto." Fortalecer nossa Esperança, que Deus garante, é a certeza de podermos vencer todo o desânimo, afirmo em meu livro "Esperança Cristã", desta mesma Editora. Juntamente, vieram os problemas da fome e do aumento de mortes. A Esperança também está nas vacinas e na luta da ciência por antivirais.

3. Como solução

Temos: as Pastorais Familiares (ECC, ENS e outros), que ajudam demais as famílias cristãs na vivência de seu matrimônio cristão. Geralmente, trabalham em forma de pequenos grupos de famílias.

O diálogo Familiar. No relacionamento amoroso e familiar, o diálogo é essencial para que o amor amadureça enquanto amadurece a própria relação do casal. Implica em saber falar e saber escutar de ambas as partes e na capacidade de interpretação das mensagens por cada parte. A atitude de diálogo exige uma atitude de abertura para a diferença, para a alteridade, para a complexidade. Ninguém é igual e cada um tem seus valores. Os filhos também ensinam os pais e vice-versa.

Hoje, também já há, em muitas cidades, consultórios familiares, onde ambos terão orientação para os problemas familiares mais comuns: diálogo familiar, conhecimento mútuo, diferenças entre o homem e a mulher, diferenças familiares, educação dos filhos, problemas com alcoolismo e outros.

E também a Semana Nacional da Família, criada em 1992, que é um evento anual e integra o calendário das paróquias e comunidades de todo o Brasil, dando orientação e atualização para a Pastoral familiar.

Precisamos valorizar o SUS e os movimentos sociais da Cáritas, juntamente com as paróquias e dioceses. Rezar sempre faz bem, para que o amor cresça e não esmoreça.

IX
O AMOR NA BÍBLIA

1. Textos bíblicos

A Bíblia é o livro da Palavra de Deus. E o maior ensinamento é que fomos criados por Deus para vivermos sua Aliança de amor. "Criados a sua imagem e semelhança" (Gn. 1,27) – mesmo depois do pecado –, Deus continua a nos oferecer sua Aliança nos dando seus mandamentos como caminhos de amor e de fraternidade: "Sereis meu povo e eu serei vosso Deus".

Apresento aqui os principais textos bíblicos sobre o Amor. Não estão todos. Eles estão agrupados conforme os livros e não por variedade de amores: familiares, fraternos, por Deus ou pela natureza. Com calma, leia todos os textos.

ANTIGO TESTAMENTO

Gn 1,27 **criou o homem à sua imagem e semelhança**
Ex 34,10 **Sereis meu povo e eu serei vosso Deus**
Pv 10,12 o **amor** cobre todas as transgressões
Pv 15,17 Melhor é um prato, onde há **amor**
Jr 31,3 **Com amor eterno eu te amei,** por isso
Ct 8,6 **o amor é forte como a morte**
Ct 1,2 melhor é teu **amor** do que o vinho

EVANGELHOS

Lc 11,42 desprezais a justiça e o **amor** de
Jo 5,42 não tendes em vós o **amor** de
Jo 15,9 **vos amei; permanecei em meu amor**
Jo 15,13 **Ninguém tem maior amor do que este**
Jo 17,26 **a fim de que o amor com que me**

CARTAS E APOCALIPSE

Rm 5,5 **o amor de Deus é derramado em nossos**
Rm 5,8 **Deus prova seu amor para conosco**
Rm 8,35 **Quem nos separará do amor de Cristo?**
Rm 8,39 poderá separar-nos do **amor** de
Rm 12,9 O **amor** seja sem hipocrisia. Detestai
Rm 13,10 O **amor** não pratica o mal contra o
Rm 13,10 **que o cumprimento da lei é o amor**
1Cor 8,1 O saber ensoberbece, **amor** edifica
1Cor 13,1 se não tiver **amor** serei como o
1Cor 13,4 **O amor é paciente, é benigno**
1Cor 13,13 permanecem, a fé, a esperança e o **amor**
1Cor 13,13 **porém o maior destes é o amor**
1Cor 14,1 Segui o **amor** e procurai com zelo
1Cor 16,14 vossos atos sejam feitos com **amor**
2Cor 5,14 o **amor** de Cristo nos constrange
2Cor 8,8 provar, a sinceridade do vosso **amor**
2Cor 13,13 o **amor** de Deus, e a comunhão do
Gl 5,6 **mas a fé que atua pelo amor**
Gl 5,13 servos uns dos outros, pelo **amor**
Gl 5.22 o fruto do Espírito é: **amor**, alegria,
Ef 2,4 por causa do grande **amor** com que nos
Ef 3,17 vós arraigados e alicerçados no **amor**
Ef 3,19 **o amor de Cristo que excede todo**
Ef 4,2 **suportando-vos uns aos outros no amor**
Ef 4,15 seguindo a verdade no **amor**
Ef 5,2 **andai no amor, como também Cristo vos**
Fp 1,9 o **vosso amor aumente mais e mais em**
Fp 2,2 tenhais o mesmo **amor**, sejais unidos
Cl 1,4 do **amor** que tendes para com todos os
Cl 2,2 vinculados juntamente no **amor**, e
Cl 3,14 **acima, esteja o amor, que é o vínculo da perfeição**

1Ts 3,12 **aumentar no amor de uns para com**
1Ts 4,9 no tocante ao **amor** fraternal, não
1Ts 5,8 revestindo-nos de fé e **amor**
2Ts 1,3 o vosso mútuo **amor** de uns para com
1Tm 1,7 nos tem dado espírito de **amor**
1Tm 2,15 se elas permanecerem em fé e **amor**
1Tm 6,10 **o amor ao dinheiro é raiz de todos os males**
Tt 2,2 que sejam, sadios na fé, no **amor**
Tt 3,4 manifestou o seu **amor** para com os
Fm 5 ciente do teu **amor** e da fé que tens
Hb 10,24 nos estimularmos ao **amor** e às boas
Hb 13,1 **Seja constante o amor fraternal**
1Pd 1,22 **tendo em vista o amor fraternal**
1Pd 4,8 tende **amor** intenso uns para com os
1Pd 5,14 Saudai-vos. Com ósculo de **amor**
2Pd 1,7 com a fraternidade, o **amor**
1Jo 2,5 tem sido aperfeiçoado o **amor** de
1Jo 3,1 que grande **amor** nos tem concedido o
1Jo 3,16 Nisto conhecemos o **amor** em que
1Jo 4,7 **porque o amor procede de Deus**; e
1Jo 4,8 conhece a Deus, **pois Deus é amor**
1Jo 4,10 **Nisto consiste o amor, não em que**
1Jo 4,16 **Deus é amor, e aquele que permanece** no **amor** permanece em
1Jo 4,18 No **amor** não existe medo; antes, o
1Jo 4,18 **o perfeito amor lança fora o medo**
Jd 21 guardai-vos no **amor** de Deus,
Ap 2,4 **abandonaste teu primeiro amor.**

São muitos textos, mas tome nota dos cinco que mais gostou. Continuando nossa reflexão, lembramos nossa falta de corresponsabilidade. Quebrada, tantas vezes, essa Aliança de amor, Deus enviou os profetas e chefes para que a humanidade correspondesse a seu amor e fosse mais feliz. Eram as renovações da Aliança e a Festa da Páscoa, mas Deus, por sua Palavra, foi mostrando ao povo a necessidade da Aliança do coração. Farei uma nova Aliança e enviarei o Messias Salvador.

Na plenitude dos tempos, Deus enviou seu Filho, Jesus de Nazaré. Ele nos mostrou o amor do Pai (ABBA) e nos mostrou o caminho da vida: "Amai-vos uns aos outros". Aos que o receberam, deu-lhes o poder de se tornarem Filhos de Deus. "Nisto todos conhecerão que sois meus discípulos se vos amardes uns aos outros." "Jesus é o Mediador da Nova Aliança" (Hb 12,24). Pelo sangue derramado na Cruz (Mt 26,28) e memorial na Eucaristia (1Cor 11,25).

2. A Pequena Catequese

De tudo o que vimos na Palavra de Deus sobre o Amor, ressaltamos:

a) Quem é Deus Pai?
b) Quem é Jesus Cristo?
c) O amor e a ação do Espírito Santo?

Deus é Misericórdia: mais Salvador do que justiceiro. Muitas vezes somos levados a ter de Deus a imagem de um juiz severo e castigador. Será essa a verdadeira imagem de Deus que devemos ter? "Qual grande nação tem seus deuses tão próximos de si, como está perto de nós Javé, nosso Deus?" (Dt 4,7)

Na Bíblia, há várias imagens bem diferentes de Deus:

– Um Deus Criador e Amigo, que dialoga com Adão.
– Um Deus que faz uma Aliança de amizade com seu povo.
– Um Deus conosco ("Emanuel"), que caminha com o povo.
– Um Deus que liberta e salva.

– Um Deus misericordioso, que perdoa.

– Um Deus Pai, sempre disposto a acolher o "filho pródigo".

E outra não é também a grande mensagem da Palavra de Deus?! Por que Deus criou o ser humano "à sua Imagem e semelhança?" E Deus viu que tudo era bom! A grande mensagem da criação é que Deus criou o ser humano para ser feliz e para se unir em Aliança de amor com Ele: "Serei vosso Deus e vós sereis meu Povo" (Lv 26,12). Deus quer proteger-nos e salvar-nos. Os profetas sempre vão insistir nesse casamento entre Deus e a humanidade. A Aliança de Deus deverá estar no íntimo de nosso coração (Jr 31), para haver justiça e fraternidade.

O castigo de Deus, apresentado pelos profetas, é mais um remédio extremo para que o povo se arrependa e volte à amizade e à Aliança. Mas Deus não abandona o povo, apesar das infidelidades. Deus é mais misericórdia do que justiça.

Jesus nos revelou qual é o amor de Deus. Qual o Deus disposto a morrer pela pessoa humana? Ninguém tem um Pai como Ele. Deus é o "ABBA": Papai querido. A Paternidade de Deus revelou-se em seu jeito de ser: Deus é Proximidade, Misericórdia e Ternura. Por isso São João ensinará: "Deus é Amor", e Jesus veio revelar-nos o imenso amor do Pai. "Com amor eterno eu te amei." Amor de Jesus, que foi fiel até a morte de Cruz, por isso o Pai o ressuscitou.

3. E a pastoral do medo?

Entre nós, cristãos, havia a pastoral do medo, que mantinha um sentimento permanente de sermos pecadores e o medo da condenação eterna, por isso deveríamos fazer obras de expiação, aceitando as que Deus mandava e mesmo acrescentar outras mortificações, para aumentarmos os méritos. "No amor não há medo, o amor perfeito afasta o medo e quem teme não chegou à perfeição do amor" (1Jo 4,18).

Tudo isso é fruto da cultura da Idade Média, mas chegou até nós pela doutrina jansenista e permanece pelos movimentos integristas, como Opus Dei, Legionários de Cristo e Pentecostais, que tanto atrapalham a renovação da Igreja do Vaticano II e do papa Francisco.

A fundamentação está na Bíblia. É importante entendermos a diferença entre a missão de João Batista e de Cristo. O apelo de João era a mudança de vida pelo batismo de penitência (Mc 1,4) diante do Messias que estava para chegar, mas a salvação do homem virá pelo Batismo no Espírito ou pelo Batismo de Cristo (Mc 1,9-11). João Batista mostrava Deus como Juiz severo. Jesus, porém, veio anunciar o Pai misericordioso "cheio de Graça e de Verdade" (Jo 1,14). Jesus assume a missão do servo sofredor e o caminho do amor-serviço, que carrega os pecados do povo, e não o caminho do poder dominador (Lc 12,9). "E tendo amado os seus que estavam no mundo, amou-os até o fim" (Jo 13,1).

A renovação cultural e o avanço das ciências humanas não aceitam mais o estilo penitencial de espiritualidade que se ensinava. Jesus não veio criar um movimento penitencial, mas mostrou a alegria da chegada do Reino de Deus. O centro do Cristianismo é a alegre proclamação da Ressurreição e a promessa de vida e vida abundante.

Nós somos frutos do amor de Deus e só nele temos paz; somos felizes e realizados, mas esperando a realização plena. Santo Afonso dirá do amor na Cruz: é o "Supremo amor". E Jesus veio realizar seu projeto de salvação, com a colaboração de Maria, na força do Espírito Santo.

4. Quem é Jesus Cristo?

Esta é grande pergunta que toda a humanidade um dia se fará. São Jerônimo ensinava que para conhecer Jesus precisamos conhecer sua Palavra (Bíblia). Já no Templo, o Velho Simeão falou que Jesus veio para ser ou pedra de salvação ou de tropeço, sinal de contradição (cf. Lc 2,34). Diante dele ninguém ficará parado, ou será a favor ou contra.

Quem realmente foi Jesus de Nazaré? Dois mil anos depois de sua morte, Jesus continua uma pessoa apaixonante e controversa. Ele dividiu a história em a.C e d.C. Jesus marcou a história que continua envolta em uma infinidade de interrogações. São muitos os escritores que têm buscado aprofundar a Vida e a Missão de Jesus. Ler um bom livro sobre a vida histórica de Jesus sempre será iluminador. E há bastantes livros sobre a pessoa de Jesus.

A vida sobre Jesus deve mostrar o verdadeiro alcance do "Nome" que lhe foi posto. O centro de sua mensagem que é o Reino de Deus, assunto fundamental. Jesus anuncia a chegada do Reino de Deus, mas o Deus que chega recebe o nome de Pai. Aquilo que sustenta a pessoa de Jesus é sua confiança absoluta em Deus, amado como Pai de toda a humanidade.

Falando do sentido da vida e da morte de Jesus, é bom mostrar o nexo existente entre sua pessoa, sua missão e sua morte. O caminho percorrido por Jesus, que precedeu sua morte, culminou na vida nova e feliz, o Reino Celestial. Assim, a humanidade não está destinada à morte, mas sim à vida pela Ressurreição. A missão confiada aos discípulos não se afastará desse caminho tão promissor. Mas as perguntas sobre Jesus sempre continuarão.

Quem dizem os homens que Eu sou? Uns dizem que és João Batista (Mt 16,13). Elias, Jeremias, ou algum dos antigos profetas. Ninguém falou com "tanta autoridade" (Conhecia e vivia) – o Messias (Esperado, até hoje pelos Judeus) – Hoje, as respostas seriam bem diferentes.

Quem é Jesus para os cristãos? Vou responder com o Evangelho "Tu és o Cristo, o Filho do Deus vivo", nas palavras de Pedro (Mt 16,16). Eis algumas frases sobre Jesus:

a) "De tal modo Deus amou o mundo que mandou seu Filho, não para nos condenar, mas para nos salvar" (Jo 3,16). É Deus feito homem. Nascido de Maria (cf. Gl 4,4).

b) "Eu vim para que todos tenham Vida e vida em abundância" (Jo 10,10). "Reunir os Filhos de Deus dispersos" (Jo 11,52). É Senhor da vida plena. Bom Pastor. É Mestre. É médico (ensina e cura).

c) "Tendo amado os seus que estavam no mundo, amou-os até o fim" (Jo 13,1). É Salvador, Redentor.

d) "Eu estarei convosco todos os dias, até a consumação dos séculos" (Mt 28,20). Está Vivo e Presente, na Eucaristia e no meio de nós. Jesus é a presença física do amor misericordioso do Pai. Ele é "Médico dos Médicos", e só Ele tem o remédio do amor, que é o único que cura. Nada o deterá em seu empenho de salvar seus filhos e suas filhas.

Jesus vem realizar, com seu sangue redentor, a aliança eterna com todos os povos (Lc 22,20). "Quando se completou o tempo previsto, Deus enviou seu Filho, nascido de mulher, nascido sujeito à Lei, para resgatar os que eram sujeitos à Lei e todos recebermos a dignidade de Filhos" (Gl 4,4). "E se és filho, és também herdeiro" (v.7). Quando olhamos para Jesus, não há desculpas, ele nos impulsiona a amar nossos semelhantes, porque nós também não somos merecedores do amor dele. "Tendo amado os seus que estavam no mundo, amou-os até o fim" (Jo 13,1).

Os seguidores de Jesus descobriram o Mistério último de Deus encarnado em seu amor e na entrega extrema ao ser humano. No amor desse crucificado está Deus mesmo identificado com todos os que sofrem, gritando contra todas as injustiças e perdoando os verdugos de todos os tempos. Nesse Deus, pode-se acreditar ou não, mas não é possível zombar dele. Nele, nós cristãos confiamos.

O ser humano foi chamado a viver o amor em todas as dimensões, mas a maior de todas elas é que somos chamados à convivência divina com o Amor Eterno. Sua Ressurreição é a grande prova de que sua vida e seu amor foram plenamente realizados e compensados.

Apesar disso, assistimos estarrecidos, em grande parte do mundo, a uma onda de ódio, de desprezo, de exclusão e de violência simbólica e física, que nos leva a perguntar: os que vivem e alimentam o ódio são inimigos de si mesmos e da própria vida? Só sabem produzir desgraças, exclusões, crimes e morte. É o que, lastimavelmente, estamos constatando. Ora isso não é natural, nem de nossa essência ou DNA.

Há outro pormenor. Se Deus deu aos seres humanos poder sobre a criação não é uma licença para usar e dominar, mas sim um mandato para serem cuidadores, zeladores e administradores. É bom lembrar que o destino dos humanos depende também de como tratamos os animais; o que inclui relações não violentas entre seres humanos e animais não humanos. Também os animais têm seus direitos e não são só mercadoria e instrumentos. Tais atitudes nos dão a certeza e garantia de que estes tempos nefastos de ira e de ódio deverão passar.

5. O Espírito Santo é amor e ação

O Espírito Santo, enviado por Jesus, sopra onde quer, mas uma das tentações mais comuns de quem tem fé é bloquear o caminho dele. E quem somos nós para fechar-lhe as portas? Deus colocou o Espírito Santo na Igreja como a guia, porque "é o Espírito Santo que, como diz Jesus, nos ensinará tudo" e "nos fará recordar o que Jesus nos ensinou" (Jo 16,13).

O Espírito Santo é o "Senhor que dá a vida". A Palavra de Deus revela: "Ninguém conhece o que há em Deus, senão o Espírito de Deus" (1Cor 2,11). Ora, seu Espírito, que o revela, faz-nos conhecer Cristo, seu Verbo, sua Palavra viva. É aquele que "falou pelos profetas" (5): "Este Espírito que ele ricamente derramou sobre nós, por meio de Jesus Cristo, nosso Salvador, a fim de que fôssemos justificados por sua graça e nos tornássemos herdeiros da esperança da vida eterna" (Tt 3,6-7). Na última ceia, Jesus diz: "Eu pedirei ao Pai, e Ele vos dará o Paráclito (Apoiador – o Espírito Santo), que estará convosco para sempre. Ele é o Espírito da verdade. Ele é o Espírito Santo, que o Pai enviará em meu nome, Ele vos recordará tudo e vos recordará todos os meus ensinamentos" (Jo 14,16.26).

Vem em socorro de nossa fraqueza. O Espírito Santo "vem em socorro de nossa fraqueza" (Rm 8,22-27). "Não vos deixarei órfãos" (Jo 14,18). "Eu estarei convosco até o fim dos tempos" (Mt 28,20). O Espírito Santo dá alento em todo esmorecimento, protege contra o desânimo e conduz à perfeição na caridade. Em Jo 14,2.16, Jesus dá dois motivos para subir ao Céu: "Vou preparar-vos um lugar e pedir ao Pai o envio do Espírito Santo" (Jo 16,7). E nesse clima de insegurança, Jesus ensina: "Eu estarei convosco todos os dias" (Mt 28,20).

É o Espírito Santo que vai continuar a Missão de Jesus. Quando Deus envia seu Filho, envia sempre seu Espírito: a missão dos dois é conjunta e inseparável. Os textos mais claros sobre a missão e ação do Espírito Santo são Jo 14 e 16. Festa do Pentecostes, para os Cristãos, é aquela na qual o Espírito Santo entrega ao Pai os frutos da missão de Jesus sobre a terra. E o Espírito Santo é a alma da Comunidade-Igreja (At 2,3-4). Como o corpo não vive sem a alma, a Igreja não vive sem o Espírito Santo.

O Espírito Santo é o consolador e advogado, vem para nos defender e consolar. Vem para tirar o medo (cf. Jo 14,2), o Espírito da Verdade (cf. Jo 16,3), garante a Salvação (cf. 2Cor 1,21) e é o Santificador (cf. Rm 8,26), fortalecendo-nos para o testemunho (cf. At 1,8; Jo 14,27). Nós somos templos do Espírito Santo (cf. 1Cor 6,19), que vem em nosso batismo, e somos fortalecidos com seus dons no Crisma.

O Espírito Santo vem salvar, curar e iluminar, ensina São Francisco de Sales. "Não entristeçais o Espírito Santo" (Ef 4,30) e o Espírito Santo nos é dado para produzirmos bons frutos (Gl 5,22s). "O Espírito de verdade, que nos revela Cristo, 'não fala de si próprio' (6). Tal esconder-se, propriamente divino, explica por que 'o mundo não o pode receber, porque não o vê nem o conhece', enquanto aqueles que creem em Cristo o conhecem, porque habita com eles e está neles (cf. Jo 14,17)" (CIC, n. 687).

6. Resumo

– "E, porque sois filhos, Deus enviou para nosso coração o Espírito de seu Filho, que clama: *'Abbá!' Pai!*" (Gl 4,6).

– Desde o princípio até a consumação do tempo, quando Deus envia seu Filho, envia sempre seu Espírito: a missão dos dois é *conjunta e inseparável.*

– Na plenitude dos tempos, o Espírito Santo realiza em Maria todas as preparações para a vinda de Cristo ao povo de Deus. Pela ação do Espírito Santo, nela o Pai dá ao mundo o Emanuel, "Deus conosco" (Mt 1,23).

– O Filho de Deus é consagrado Cristo (Messias) pela unção do Espírito Santo, em sua Encarnação (CIC 118).

– Por sua morte e ressurreição, Jesus foi constituído Senhor e Cristo na glória (CIC 119). De sua plenitude, Ele derrama o Espírito Santo sobre os Apóstolos e sobre a Igreja.

– O Espírito Santo, que Cristo-cabeça derrama sobre seus membros, constrói, anima e santifica a Igreja. Ela é o sacramento da comunhão da Santíssima Trindade com os homens (CIC 742-747).

Precisamos ressaltar, diz o papa Francisco, que "o Espírito Santo é a presença viva de Deus na Igreja. É o que faz a Igreja avançar, caminhar. Cada vez mais, indo além dos limites, indo mais adiante. O Espírito Santo com seus dons guia a Igreja". Não podemos entender a Igreja de Jesus sem a ação do Espírito Santo. Para usar uma palavra de São João XXIII: "É precisamente o Espírito Santo que 'atualiza' a Igreja. É ele que a atualiza e a faz ir adiante. E nós, cristãos, temos de pedir ao Senhor a graça da docilidade a ele. A docilidade a este Espírito que nos fala no coração, que nos fala nas circunstâncias da vida, que nos fala na vida eclesial, nas comunidades cristãs, que nos fala sempre".

7. Conclusão

Fomos batizados para viver na fé e no amor. O amor aos outros vem do amor de Deus. O amor é paciente, é benigno. O amor pode crescer sempre mais. O amor é fiel, evita o medo. O amor é a perfeição de todos os ensinamentos de Jesus. E seu dom é o Espírito de Amor. Quem nos separará do amor de Cristo?

O amor ao dinheiro é a causa de todos os males (cf. 1Tm 6,10; Cl 3,5). Mas quem permanece no amor, permanece em Deus. O texto de maior profundidade é, sem dúvida, a 1 Carta aos Coríntios, no capítulo 13. A Comunidade de Corinto era a que tinha mais problemas na convivência e no amor (1Cor 1,10ss; 6,13ss). O Hino da 1 Coríntios 13, veremos e aprofundaremos mais adiante.

São João, tanto no Evangelho como em suas cartas, é o evangelista que mais fala do amor de Deus. Somente nas cartas aparece 10 vezes a palavra amor. Então, nós faremos seu amor mais conhecido quando aprofundarmos a 1ª Carta de João, mais à frente.

NB – A Música diz: "*O mundo só será feliz se a gente cultivar o amor*". Eu acredito nisso e espero que você também. "*Ninguém te ama como eu, olhe para a Cruz*", como fala profundo em nosso coração. Ou na interpretação do Pe. Zezinho: "*Estou pensando em Deus, estou pensando no Amor*".

X
O AMOR NA TEOLOGIA DA IGREJA

1. Ágape

A caridade é a virtude teologal pela qual amamos a Deus sobre todas as coisas, por si mesmo, e a nosso próximo como a nós mesmos, por amor de Deus. Jesus fez da caridade o novo mandamento. Amando os seus "até o fim" (Jo 13,1), manifesta o amor do Pai que Ele recebe. Amando-se uns aos outros, os discípulos imitam o amor de Jesus que eles também recebem. Por isso diz Jesus: "Assim como o Pai me amou, também eu vos amei. Permanecei em meu amor" (Jo 15,9). E ainda: "Este é meu preceito: Amai-vos uns aos outros como eu vos amei" (Jo 15,12).

Fruto do Espírito e da plenitude da lei, a caridade guarda os mandamentos de Deus e de seu Cristo: "Permanecei em meu amor. Se observais meus mandamentos, permanecereis em meu amor" (Jo 15,9-10).

O amor é a força com que nos entregamos a Deus, que nos amou primeiro, para nos unirmos a Ele e assim acolhermos os outros como a nós mesmos, por amor a Deus, sem reservas e com o coração.

Jesus coloca o amor acima de todos os mandamentos, sem, contudo, aboli-los. Santo Agostinho afirmava neste sentido: "Ama e faz o que quiseres!" O que não é tão fácil como parece. O amor é, portanto, a maior de todas as energias, aquela que anima e aperfeiçoa todas as outras forças com a vida divina.

2. O amor é a virtude principal

O amor é simultaneamente o meio e o fim, o movimento e a meta, o caminho que leva a si mesmo. Que devemos, pois, fazer para amar? Para isso, não precisamos de nenhum outro truque que não seja, simplesmente, amar, tal como aprendemos a tocar alaúde tocando alaúde e a dançar, dançando. Diz São Francisco de Sales: "A todos os que amam a Deus, Ele transforma tudo em bem". "Deus até faz com que os caminhos errados e as faltas tornem-se um bem", ensina Santo Agostinho.

O papa São João Paulo II escreveu no Livro: "Amor e Responsabilidade", de 1978, esta frase, que me ilumina sempre: "O amor é o mais alto valor moral". No ato de amar alguém, já está implícito para esta pessoa que seremos totalmente éticos e comprometidos com seus valores e princípios pessoais, ou seja, respeitando-a como ser humano em sua integridade. Amar é promover o bem total da pessoa amada.

Vendo nossa sociedade imersa em um lamaçal de egoísmo e individualismo, percebemos, também, que o sentido do amor é cada vez mais entendido como mera satisfação de prazeres egoístas e não doação e entrega a alguém. Na verdade, o que vemos é uma carência de carinho e autorrealização, que nos leva a um egocentrismo e hedonismo exacerbados, e não ao amor verdadeiro, que é doação e apoio.

O amor verdadeiro sempre supõe um perder algo de mim para promover o bem do outro, ou seja, o verdadeiro amor sempre estará ligado a sofrimentos, perdas pessoais e redução de meu eu para que o outro seja mais e melhor. Amar é doar-se para que o outro cresça.

O exemplo de amor está na cruz de Cristo. Ele se "rebaixou" de sua divindade e, tornando-se humano, aceitou todas as limitações e todo o sofrimento da vida humana, e obediente à missão do Pai, como prova de amor total, fez-se obediente até a morte e morte de Cruz. "Amou-nos até o fim", mas é na Ressurreição de Cristo que o Pai confirma que o verdadeiro Amor sempre gera Vida.

Cristo morreu por nosso amor quando éramos ainda "inimigos" (Rm 5,10). O Senhor exige que amemos, como Ele, mesmo nossos inimigos, que nos tornemos próximo do mais afastado, que amemos como Ele as crianças e os pobres.

O apóstolo São Paulo traçou um quadro incomparável da caridade: "A caridade é paciente, a caridade é prestativa, não é invejosa, não se ostenta, não se incha de orgulho. Nada faz de inconveniente, não procura seu próprio interesse, não se irrita, não guarda rancor. Não se alegra com a injustiça, mas se regozija com a verdade. Tudo desculpa, tudo crê, tudo espera, tudo suporta" (lCor 13,4-7).

Diz ainda o apóstolo: "Se não tivesse a caridade, nada seria". E tudo o que é privilégio, serviço e mesmo virtude, "se não tivesse a caridade, isso nada me adiantaria". A caridade é superior a todas as virtudes. É a primeira das virtudes teologais: "Permanecem fé, esperança, caridade, estas três coisas. A maior delas, porém, é a caridade" (1Cor 13,13).

O exercício de todas as virtudes é animado e inspirado pela caridade, que é o "vínculo da perfeição" (Cl 3,14); é a forma das virtudes, articulando-as e ordenando-as entre si; é fonte e termo de sua prática cristã. A caridade assegura, purifica nossa capacidade humana de amar, elevando-a à feição sobrenatural do amor divino.

a) Deus se revela

Deus é "Aquele que é (Yaveh)". Meu professor dizia "Deus não é aquele que é; mas aquele que faz ser". Deus revelou-se a Israel, no AT, como "Aquele que é rico em amor e em fidelidade" (Ex 34,6). Esses dois termos exprimem, de forma condensada, as riquezas do nome divino. Em todas as suas obras, Deus mostra sua benevolência, bondade, graça, seu amor, mas também sua confiabilidade, constância, fidelidade, verdade. "Celebro teu nome por teu amor e tua verdade" (Sl 138,2).

b) Pai, Filho e Espírito Santo são o Amor

São João vai ainda mais longe ao afirmar: "Deus é Amor" (1Jo 4,8.16); o próprio Ser de Deus é Amor. Ao enviar, na plenitude dos tempos, seu Filho único e o Espírito de Amor, Deus revela seu segredo mais íntimo: Ele mesmo é eternamente intercâmbio de amor: Pai, Filho e Espírito Santo, e destinou-nos a participar deste intercâmbio. Ele é a "Verdade", – pois "Deus é Luz, nele não há trevas" (1Jo 1,5). O Deus de nossa fé revelou-se como Aquele que é; deu-se a conhecer como "cheio de amor e fidelidade" (Ex 34,6). Seu próprio ser é Verdade e Amor.

c) Vida de Cristo revela o mistério do amor do Pai

Toda a vida de Cristo é Revelação do Pai: suas palavras e seus atos, seus silêncios e seus sofrimentos, sua maneira de ser e de falar. Jesus pode dizer: "Quem me vê, vê o Pai" (Jo 14,9); e o Pai pode dizer: "Este é meu Filho, o Eleito; ouvi-o" (Lc 9,35). Tendo Nosso Senhor se feito homem para cumprir a vontade do Pai, os mínimos traços de seus mistérios nos manifestam "o amor de Deus por nós".

d) Na Paixão, Cristo morto de amor por nós:

Cristo morreu por nosso amor quando éramos ainda "inimigos" (Rm 5,10). "Tendo amado os seus que estavam no mundo, amou-os até o fim" (Jo 13,1). O Senhor exige que amemos, como Ele, mesmo nossos inimigos, que nos tornemos o próximo do mais afastado, que amemos como Ele as crianças e os pobres. O apóstolo São Paulo traçou um quadro incomparável da caridade: "A caridade é paciente, a caridade é prestativa, não é invejosa, não se ostenta, não se incha de orgulho. Nada faz de inconveniente, não procura seu próprio interesse, não se irrita, não guarda rancor. Não se alegra com a injustiça, mas se regozija com a verdade. Tudo desculpa, tudo crê, tudo espera, tudo suporta" (lCor 13,4-7).

e) O Céu, comunhão de amor

"Deus é Amor" (1Jo 4,8.16) e o Amor é o primeiro dom. Ele contém todos os demais. Esse amor "Deus derramou seu amor em nosso coração pelo Espírito que nos foi dado" (Rm 5,5). Essa vida perfeita na Santíssima Trindade, essa comunhão de vida e de amor com ela, com a Virgem Maria, os anjos e todos os bem-aventurados, é chamada "o Céu". O Céu é, pois, o fim último e a realização das aspirações mais profundas do homem, o estado de felicidade suprema e definitiva.

3. A igreja chamada ao amor

Os atributos dados à Igreja-Comunidade, definidos oficialmente no Credo Niceno-constantinopolitano, no ano de 381, dizem: "Creio na Igreja Una, Santa, Católica e Apostólica".

Paulo, em suas cartas, chama a Igreja, que começou nas casas, de Esposa de Cristo, Templo do Espírito Santo e Corpo de Cristo. Este último nome assenta na crença de que a Igreja não é apenas uma simples instituição, mas um "Corpo Místico", constituído por Jesus, que é a cabeça, e pelos fiéis, que são membros deste corpo inquebrável, por meio da fé e do sacramento do Batismo, e unidos intimamente a Cristo por meio do Espírito Santo, sobretudo no sacramento da Eucaristia. Esta é a teologia da encíclica "Corpo Místico de Cristo", do papa Pio XII, a qual é fundamentada em 1Cor 12.

Essa visão de Igreja chegou ao Vaticano II. A Comunidade ligada pelos mesmos laços de doutrina de fé e submissos a uma determinada liderança local ou mundial. "A única Igreja de Cristo, como sociedade constituída e organizada no mundo, subsiste na Igreja Católica."

O Vaticano II, na *Lumen Gentium*, deu um passo a mais. Destacou que "a Igreja é sacramento de Cristo e instrumento de união do homem com Deus, e da unidade de todo o gênero humano". E insiste, com a teologia Bíblica da Igreja, que é o Povo de Deus a caminho, com sua função profética, sacerdotal e real de cada batizado. Por isso o Capítulo do "Povo de Deus" vem antes do capítulo da hierarquia. A colegialidade episcopal é um serviço da Igreja, com a missão voltada para toda a humanidade.

O mandato missionário do Senhor tem sua fonte última no amor eterno da Santíssima Trindade: "A Igreja peregrina é, por sua natureza, missionária, pois ela se origina da missão do Filho e da missão do Espírito Santo, segundo o desígnio de Deus Pai". E o fim último da missão não é outro senão fazer os homens participarem da comunhão-amor, que existe entre o Pai e o Filho em seu Espírito de Amor.

4. Resumindo

A Igreja é:

a) A Comunidade reunida na fé do Pai, do Filho e do Espírito Santo, pelo Batismo, como Povo de Deus. A Comunidade Trinitária é a fonte do Amor eterno, do qual todos beberam. "Se Deus é Amor", como ensina João (1Jo 4,8), e "Ele nos amou e enviou seu Filho como oferenda de expiação por nossos pecados" (v. 19). Deus nos deu exemplo para fazermos igual. Deus, o "Sol Eterno", que veio esquentar nosso coração de pedra, para que todos tenham vida e "vida em abundância" (Jo 10,10). Por isso a Comunidade Cristã é Sacramento do Reino de Deus a serviço do Amor, da justiça e de um mundo melhor, conforme a Escritura.

b) Comunidade santa e pecadora. Povo de Deus a caminho e imperfeito. Busca a conversão. A Igreja, enquanto peregrina neste mundo, também será santa e pecadora. Sempre estará doente na família, no trabalho, pelo egoísmo da humanidade. A violência social, as mentiras feitas verdades pelo engano e as *fake news*, que são usadas como lavagens cerebrais, para conseguir objetivos e interesses econômicos a qualquer preço. Isso tudo para justificar que as guerras possam ser válidas e a serviço dos interesses dos grandes grupos que fazem a renda *per capita* aumentar, com o PIB, mas sem querer dividi-lo. O lucro é o maior valor da sociedade consumista e hedonista. Por isso é mais rentável investir em *bitcoins* do que em saúde pública e renda básica comunitária.

c) Comunidade missionária do Senhor tem sua fonte última no amor eterno da Santíssima Trindade. "A Igreja peregrina é, por sua natureza, missionária. Pois ela se origina da missão do Filho e da missão do Espírito Santo, segundo o desígnio de Deus Pai" (LG). A conversão, que é um chamado à humanização e à fraternidade, está perdendo para a sociedade consumista e hedonista. Descuidamos os Direitos Humanos e os valores centrais do Evangelho: como o respeito à pessoa humana, busca pela melhoria de vida para todos: educação, casa e trabalho; Justiça, perdão e fraternidade. Só nas calamidades somos despertados para a solidariedade e a ajuda mais generosa. Mas o esquema não muda, mesmo com as terríveis lições das pandemias. O fim último da missão não é outro senão o de fazer com que a humanidade participe da comunhão que existe entre o Pai e o Filho, em seu Espírito de amor. Agora, fortalecida pela força do Espírito Santo e sabendo que Jesus está no meio de nós, e alimentada na Eucaristia, está na luta diária em favor do Reino, e animada na Esperança de um novo Céu e uma nova Terra. "Estarei convosco todos os dias até a consumação dos tempos" (Mt 28,20). "Sereis minhas testemunhas até os confins do mundo" (At 1,22), e só o amor permanecerá.

XI
EUCARISTIA, MEMORIAL DO SUPREMO AMOR

Sim, vamos entender o que significa Eucaristia, pois geralmente nós falamos a Santa Missa, porque deve lembrar nossa missão, mas é bom irmos melhorando nossas palavras e nossos conceitos.

1. A Ceia do Senhor

"Com efeito, eu recebi do Senhor aquilo que, por minha vez, vos transmiti: o Senhor Jesus, na noite em que era traído, tomou o pão e, depois de dar graças, partiu-o e disse: 'Isto é meu corpo, que é dado por vós. Fazei isto em memória de mim'. Do mesmo modo, ao fim da ceia, ele tomou o cálice, dizendo: 'Este cálice é a nova aliança em meu sangue'. Todas as vezes que dele beberdes, fazei-o em memória de mim. De fato, toda vez que comerdes deste pão e beberdes deste cálice, anunciareis a morte do Senhor até que ele venha" (1Cor 11,23-27).

É esse o texto mais antigo que temos sobre a Eucaristia, que os cristãos celebravam nas madrugadas de Domingo, 1º dia da semana, conforme At 20,7, chamada, então, de "fração do pão" ou "repartir do pão".

A Palavra "Eucaristia" (dar graças, agradecer) possui um significado muito amplo, pois ela reúne a comunidade eclesial, todo o povo santo e sacerdotal, para celebrar a vida, paixão, morte e ressurreição do Senhor Jesus. Pela vida, morte e Ressurreição de Jesus, é que damos graças e louvores ao Pai.

É a “memória” ou a “celebração do Mistério Pascal”, ou também “atualização”. Suprema prova de Amor de Jesus pela humanidade ou do supremo mistério de nossa fé. É uma celebração festiva, da comunidade de fé, daqueles que se reúnem com Jesus Cristo para “fazer uma memória atualizada” de sua vida, morte e ressurreição. Mistério central de nossa fé.

A eucaristia em Paulo não está vinculada primeiramente a um ritual sagrado que se observa exatamente de acordo com as normas, mas sim a uma refeição, em que as pessoas partilham o que comer e celebram a irmandade. No entanto acontece que, com o passar do tempo, a Eucaristia se tornou um ritual sagrado e deixou de ser uma ceia partilhada. Não é possível saber exatamente quando isso aconteceu.

É claro que há pessoas boas, muito mais do que imaginamos. Diante do fracasso da economia, da política, das mais avançadas tecnologias, inclusive também diante da incapacidade das religiões para remediar tanta dor, cresce o número de pessoas que para isso não veem outra solução, a não ser a busca de nossa mais profunda humanidade. O que nos salvará é a honradez, a honestidade, a transparência, a justiça, a bondade. A espiritualidade profunda, que, é claro, respeita a Eucaristia, mas que encontra vida e futuro na ceia. Como disse São João da Cruz: “a ceia que recria e apaixona”.

A Eucaristia também é uma ação-litúrgica e sacramental, na qual se integram as muitas formas da presença de Jesus Cristo – na assembleia reunida, na Palavra proclamada e partilhada, mas também no Pão e vinho consagrados e partilhados.

Na Celebração Eucarística há, portanto, uma relação entre a comunidade, a mesa da Palavra de Deus e a mesa do Pão. Como nos recorda o Concílio Vaticano II (na *Dei Verbum*): “A Igreja sempre venerou as divinas Escrituras, da mesma forma, como o próprio corpo do Senhor” (DV 21).

2. A mesa da Palavra de Deus

Vejamos, então, o que este momento, no qual estamos em nossas casas, possui de especial com relação a essa experiência litúrgica e sacramental. Sim, estamos reunidos, como comunidade de fé, em nossos templos sagrados e, juntos, podemos proclamar a Palavra, ouvi-la profundamente, deixar ressoar em nossa vida, dialogar sobre nossa escuta e compreensão e rezar sob sua inspiração.

Como exorta a *Sacrosantum Concilium*: "Quanto mais a Palavra de Deus for oferecida aos fiéis, maior acesso terão aos tesouros da Bíblia. Por isso se deve ler uma parte bem maior das Escrituras, nos espaços litúrgicos que lhe são reservados cada ano" (SC 51). Juntamente com o vernáculo, esse foi o grande dom litúrgico do Vaticano II.

Contudo cada uma das ações litúrgico-sacramentais carrega o sentido profundo da "Eucaristia". Pensemos um pouco mais sobre essa experiência. Na celebração Eucarística estamos reunidos em comunidade, em assembleia eucarística, em torno de duas mesas: a mesa da Palavra e a mesa do Pão. As duas mesas nos alimentam, nas duas mesas somos conduzidos, pela graça de Deus, ao seguimento de Jesus Cristo. Uma mesa conduz à outra mesa, são continuação; elas se encontram como experiência vivida de toda a comunidade local e universal.

3. Memorial do Senhor

A experiência celebrativa nos fala de um processo no qual é Deus mesmo quem toma a iniciativa e vai tecendo um diálogo amoroso com cada pessoa e com cada comunidade. A experiência celebrativa se torna, dessa forma, como um eco desta autocomunicação divina, como uma mediação entre Deus e a realidade pessoal, histórica e social.

A melhor forma de compreendermos a celebração é olharmos para o próprio Jesus. Nele percebemos todas as dimensões da celebração litúrgica: o Mistério revelado, o acompanhamento das pessoas e sua própria relação de intimidade com o Mistério. Em Jesus, o mistério de Deus se revela à humanidade, faz-se um conosco, entra na história e, a partir de dentro, de seu núcleo, a conduz a seu sentido pleno. Mesmo assim, Jesus se coloca no meio de nós, como um caminhante, como aprendiz do Mistério.

Pela comunhão eucarística, a Igreja é consolidada igualmente em sua unidade de corpo de Cristo. Recebemos o dom de Cristo e de seu Espírito na comunhão eucarística e pela comunhão do corpo de Cristo, a Igreja consegue cada vez mais profundamente ser, "em Cristo, como que o sacramento, ou sinal, e o instrumento da íntima união com Deus e da unidade de todo o gênero humano".

É pela comunhão do pão eucarístico que celebra a vida de Cristo entregue por nós, que aprendemos a tornar-nos, por nossa vez, pão de vida para os outros. O maior milagre não é só a transformação do pão e do vinho no corpo e sangue de Jesus, mas vice e versa, a transformação do corpo e do sangue da pessoa em pão e vinho dos outros. Não é por nada que a Eucaristia deve transformar-nos, se queremos transformar os outros. Se a missa não nos transforma, se ela não nos faz termos mais amor, mais justiça, mais paz, mais esperança, mais perdão, mais reconciliação, mais tolerância, mais respeito a nossas diferenças, mais aceitação de nossos limites e de nossas fragilidades humanas e das dos outros, ela é inútil e participamos em vão. Oferecer a si mesmo, doar-se como alimento com rendição de graça é o paradoxo cristão que inverte toda a lógica humana.

O mistério eucarístico pede para ser encarnado. Morrer para si mesmo, para o próprio ego são as únicas maneiras de viver relações de amizade e de amor. Somente a íntima comunhão com Cristo torna possível a comunhão entre seres humanos (UNIS, 14.1.2022).

A Eucaristia e meu próximo! Há alguns sinais muito concretos para entender como vivemos a Eucaristia. Sinais que nos dizem se nós vivemos bem a Eucaristia ou não a vivemos tão bem! O primeiro indício é nosso modo de olhar e considerar os outros. Por isso Jesus amava estar com os discípulos e com as pessoas que tinham a oportunidade de conhecê-lo.

4. O culto prestado à Eucaristia fora da Missa

Esse culto é de um valor inestimável na vida da Igreja e está ligado intimamente à celebração do sacrifício eucarístico. A presença de Cristo nas hóstias consagradas, que se conservam após a Missa, resulta da celebração da Eucaristia e destina-se à comunhão sacramental e espiritual dos enfermos. Compete aos Pastores, inclusive pelo testemunho pessoal, estimular o culto eucarístico, de modo particular, as exposições do Santíssimo Sacramento e também as visitas de adoração a Cristo, presente sob as espécies eucarísticas.

Há momentos, é verdade, em que estamos carentes de uma das mesas e nos sentimos um pouco órfãos da partilha na mesa do Pão; mas, enquanto não podermos participar da plenitude da Celebração Eucarística, a mesa da Palavra é a preciosidade que nos conduz, alimenta-nos, sustenta-nos e nos orienta.

Podemos acompanhar pelos Meios de Comunicação (TV) e nos unimos aos irmãos, que espalhados pelo Brasil, celebram juntos nossa fé, a Palavra de Deus e fazemos a comunhão, que chamamos espiritual ou de desejo. Fazemos o que podemos para evitar maiores problemas para nossa saúde e a saúde dos outros.

Assim a comunidade básica, da qual a família é a "Igreja doméstica", pode alimentar-se da "mesa da Palavra" e da "mesa do Pão", rezar e celebrar sua fé na força do Cristo Ressuscitado, e renovando "seu memorial", Jesus nos fortalece e reanima, assim temos força para mais uma semana na luta da vida.

4. Conclusão

A Eucaristia é o centro da vida cristã, porque é o "memorial" da vida de Jesus e do amor até a morte. Vida partida, doada, feita pão para todos! A Eucaristia não é mera repetição ritual, mas sua atualização.

Na Eucaristia, Cristo realiza sempre e novamente o dom de si, como fez na Cruz. Toda a sua vida é um ato de total partilha de si por amor. E como ele, vou aprendendo a fazer de minha vida pão doado, que sacia a fome de muitos: fome de atenção, de afeto, de partilha.

a) *A Eucaristia* é o *'memorial' da vida de Jesus* e *do amor até a morte*. Saio da Eucaristia com mais amor a Jesus?

b) Como sacramento da *Comunidade e do Amor,* saio com mais vontade de me doar?

XII
SÓ O AMOR É DIGNO DE FÉ

1. O amor é digno de fé

"E isto, nem mais nem menos, é o que está fazendo o papa Francisco. A forma de entender a vida e a fé, na simplicidade, na bondade e na profunda humanidade deste homem singular, é isto, e não as leis ou os cargos que indica ou deixa de indicar, o que está dando uma reviravolta na Igreja", escreve o teólogo espanhol J. M. Castillo.

Ora isso é o que de melhor e maior eu sei e posso dizer no aniversário do papado de nosso papa Francisco.

Em 1963, quando se celebrava o Concílio Vaticano II, um teólogo do mais alto nível naquele tempo, Hans Urs Von Balthasar, publicou um pequeno livro que deu muito o que falar. Traduzido ao francês ganhou um título revolucionário e ambíguo: "L'amour seul est digne de foi" (Só o Amor é digno de fé).

Como se pode entender, esse pequeno livro é um elogio ao amor. Porém a que amor? Dado que foi escrito por um teólogo, é um elogio do amor de Deus aos seres humanos? Ou, pelo contrário, trata-se do amor de seres humanos a Deus? Porém também pode ocorrer que Deus não entre neste assunto para nada. Porque também poderia ocorrer que falemos do amor entre os seres humanos sem ter de lançar mão de Deus para nada. Ainda que o certo é que, se o livro foi escrito por um teólogo, o lógico é pensar que Deus esteja nesse assunto, seja como for, afirma J. M. Castillo.

E, efetivamente, Deus está no centro e no fundo desse problema capital. Ele está, certamente, muito mais do que imaginamos. Porque se começamos dizendo que "só o amor é digno de fé", e se a isso acrescentamos que foi dito por um dos grandes especialistas nas coisas de Deus e da religião, então, não resta dúvida de que o que se está dizendo é que apenas aquele que ama todo ser humano, seja quem for, esse é quem pode crer em Deus. O que, em definitivo, vem a dizer que apenas onde há bondade, perdão, carinho e amor, somente quem busca isso e vive assim, somente esta pessoa, pode crer em Deus, orienta J. M. Castillo.

Por consequência, não se pode dizer que a fé nos prepara e capacita para amar. A realidade é justamente o contrário: a bondade e o amor a todo ser humano, é nisso que está a força que nos capacita a crer em Deus e nos relacionarmos com Deus. O que quer dizer que quem causa sofrimento, maltrata ou ataca seus semelhantes mantém ressentimentos e ódios, uma pessoa assim, por mais religiosa, observadora e piedosa que seja, não crê – nem pode crer – em Deus.

Por isso se compreende que, no juízo final, Deus dirá aos que se salvam: "Eu garanto a vocês: todas as vezes que vocês fizeram isso a um dos menores de meus irmãos, foi a mim que o fizeram" (Mt 25,40). Da mesma forma que dirá aos condenados: "Todas as vezes que vocês não fizeram isso a um desses pequeninos, foi a mim que não o fizeram" (Mt 25,45).

A atitude com meus semelhantes é o que determina minha verdadeira relação com Deus. E isso mesmo é o que explica como e por que, na Última Ceia, o Mandamento Novo, que Jesus impôs a seus discípulos, reduz-se ao amor mútuo, sem fazer menção alguma do amor a Deus (Jo 13,34; 1Jo 2,7-11). Com o acréscimo decisivo: "Se vocês tiverem amor uns para com os outros, todos reconhecerão que vocês são meus discípulos" (Jo 13,35).

De fato, "só o amor é digno de fé", pois só *o amor gera mais vida*. E isso é justamente o que explica como e por que Jesus disse, referindo-se a um militar romano, que "não havia encontrado uma fé tão grande em ninguém de Israel" (Mt 8,10). Por que tinha tanta e tão admirável fé aquele militar romano? Porque aquele pagão tinha um carinho enorme a um servo que estava morrendo. Onde havia tanto carinho à vida e à saúde de um servo, sem dúvida alguma, aquele amor a um estranho não tinha outra possível explicação que a imensa fé que, sem saber, tinha aquele pagão. De fato, o amor é digno de fé, pois só o Amor gera mais Vida e Paz (J. M. Castillo. UNIS, 11.3.2021).

XIII
POR QUE O DESAMOR?

Diante de tanto Amor, por que o desamor, a maldade, o pecado e o ódio? Jesus conhecendo de que matéria nós somos feitos, deixou-nos os meios de salvação e de perdão.

a) Qual nossa fé cristã?

Eu e você somos fruto de uma grande escolha de Deus na natureza. Por que nasci eu e você no meio de milhões de possibilidades da natureza? E cada um de nós é único e irrepetível. Mesmo gênios não são iguais. E por que eu e você continuamos vivos, e quantos que já morreram?

Mas há mais. Deus me ama muito e a você também! Com quantas coisas Deus já me abençoou em minha vida, o carinho e as preocupações de minha família comigo, – eu que tinha alguns problemas de saúde –, lutando e com apoio de tanta gente consegui estudar e ser o que sou hoje. Em minha vida, quantas vezes Deus me orientou, guiou-me e livrou-me de tantos desastres e perigos!

A vida é cheia de problemas, mesmo sendo pecador e fraco, eu só tenho de agradecer. E você também agradece? Minha fé é grande porque tudo o que Jesus fez e faz por nós foi grande demais; uma loucura até! Mas a fé pode crescer mais. Abraão é modelo de Fé, porque sabia escutar a voz de Deus e segui-la fielmente até sacrificar seu filho.

Jesus deixou-nos seu caminho e o modelo de sua vida; ele é também modelo de fé para nós porque, sendo Filho amado, foi fiel até o fim; por isso devemos escutá-lo. Jesus também pediu ao Pai que afastasse dele o cálice (da Cruz), mas aceita-o: “Faça-se vossa vontade” (Lc 22,42), e com coragem enfrentou a morte de Cruz. “Amou-nos até o fim” (Jo 13,1).

Suas Palavras santas me fazem muito bem e me iluminam; a Oração me fortalece e me dá força. Ele está comigo e está com todos. Ninguém está fora de seu imenso amor. Ele gosta tanto de mim que eu também preciso me valorizar mais e servir mais.

Mas há outra realidade, que é a de sermos maus e pecadores. "Não faço o bem que quero, mas o mal que não quero" (Rm 7,19). Jesus ensinou-nos a valorizar a vida e a lutarmos contra o desamor. Ao desamor nós chamamos de pecado ou ódio. O poeta Charles Baudelaire escreveu: "O ódio é licor mui precioso, um veneno muito caro, porque é feito de saúde, de nosso sono e de dois terços de nosso amor-próprio".

Não é incomum o florescimento perverso de ódios familiares destinados a durar anos e aos relativos rancores parentais. Na realidade, todos nós somos santos e pecadores. E nós pecamos por pensamentos e palavras, atos e omissões. Mas, hoje, há um pecado muito em voga: o pecado de escândalo, que faz tanto mal aos que sofrem violência. Todos os dias devemos ser melhores e pedir perdão. Só o "narcisista psicótico" não consegue descobrir suas fraquezas e pedir perdão.

b) Jesus deixou-nos o testamento da misericórdia

"Sede misericordiosos como também vosso Pai é misericordioso" (Lc 6,36). No Antigo Testamento, são três as palavras usadas para explicar a Misericórdia de Deus: a primeira é a "bondade"; a segunda é "gratuidade" e a terceira "amor entranhado" (da mãe pelo filho). Não devemos julgar os outros, mas sempre usar de misericórdia e de perdão, como o Pai e Jesus fizeram.

É importante lembrarmos as três parábolas da misericórdia em Lucas 15, em que está a do "Filho Pródigo".

Quem é capaz de perdoar como o Pai misericordioso de Jesus e ainda fazer festa? São João Paulo II institui o 2º Domingo, depois da Páscoa, como o "Domingo da Misericórdia".

Jesus morreu na Cruz por todos os pecadores e por todos os pecados. "Eu quero a misericórdia e não sacrifícios" (Mt 9,13); "Eu não vim chamar os justos (bons), mas os pecadores" (Mt 9,13). Para eu ser perdoado, eu preciso perdoar a mim primeiro e depois aos outros. Não é isso que pedimos no Pai-nosso?

Não há pecado pelo qual Jesus não tenha morrido, por isso, por maior que seja, Jesus já perdoou: "Pai perdoai-lhes porque eles não sabem o que fazem" (Lc 23,34).

A vingança, o ódio são sinais de nossa fraqueza e violência; pois revelam o "olho por olho e dente por dente". Perdoar é dar amor a quem não nos deu amor ou porque não sabe ou porque não quer. Perdoar é dar a Paz.

c) Jesus deixou-nos a Reconciliação

Precisamos conhecer-nos para sermos capazes de perdoar. O ódio e a vingança só fazem mal, começando por nós mesmos. O perdão parte de um movimento interior. O autoconhecimento faz com que o ser humano se torne capaz de refletir e perceber que também ele é fraco e falho.

Há várias formas de perdoar, a primeira delas é justamente a capacidade de perdoar a si mesmo. E como poderíamos perdoar-nos, sem antes refletir que também erramos! Não se vingar é o primeiro passo do caminho do perdão.

Sabemos que Jesus deu sua vida e seu amor até o fim (Jo 13,1), mas também nos deixou um presente de Páscoa. Qual é? O Sacramento da Reconciliação ou Confissão. "A quem perdoardes serão perdoados" (Jo 20,23). O que é confirmado por Paulo: "Reconciliai-vos com Deus" (2Cor 5,18).

E nos deixou o Ministério da Reconciliação, a Misericórdia de Deus em ação. O Padre é servidor dessa misericórdia, não dono. Basta abrir o coração à Misericórdia do Pai e, como consequência, teremos mais felicidade e poderemos ser colaboradores de um mundo melhor. O mundo precisa de paz e de perdão, não de armas!

2. Conclusão

Realçar o Sacramento da Reconciliação, procurando destacar a alegria que a confissão traz, por meio de um encontro de amor e misericórdia do Pai. O papa Francisco pede orações para que Deus dê à sua Igreja padres misericordiosos e não torturadores, prontos a ouvir e ensinar que Deus é bom e não se cansa de perdoar sempre.

Quando vou confessar-me é para me curar, para sair com mais saúde espiritual. É passar da miséria à misericórdia e à festa.

E o centro do sacramento da Reconciliação ou confissão não são tanto os nossos pecados que dizemos, mas o encontro com o amor divino que recebemos e de que sempre precisamos. O centro da confissão é o encontro com Jesus, que nos espera, escuta-nos, perdoa-nos, abraça-nos e nos convida para a festa da Eucaristia, alimento dos irmãos, orienta o papa Francisco.

E o exímio Redentorista padre Bernhard Häring, autor da "Lei de Cristo", ensina que o Sacramento da Reconciliação é o grande "Sacramento da Alegria". E com razão, porque além de ser o presente de Páscoa de Jesus, é para a libertação de todos os pecados que nos fazem sofrer e também fazem sofrer os outros. Sacramento da alegria, da vida nova, do amor que gera mais vida e paz. Só o Amor constrói!

XIV
AMOR E FILANTROPIA

1. Basta doar?

A filantropia é comumente considerada, hoje, como "o ato de uma pessoa rica que repassa uma grande quantia de dinheiro para uma boa causa". "Os super-ricos doam bilhões de libras todos os anos para os pobres, mas o vínculo de respeito mútuo entre doador e receptor foi perdido. Um autor argumenta que a filantropia sem parceria diminui tanto o doador quanto o receptor", escreve Paul Vallely, jornalista e escritor sobre religião.

Falava D. Zeno: "Um ganha milhões por mês, o outro nem o pão. O governo usa a lei para impor a injustiça, defender os opressores. Isso é tirania! A escravidão não acabou: onde há um só homem com fome, há escravidão; onde é comprado e vendido por outro homem, é aberração social" (6.2.1950).

E continua D. Zeno: "As regras favorecem alguns à custa de muitos. Os direitos não são iguais e a vida não é igual para todos, mas diferente: uns valem mais do que outros!" E o PIB (Produto Interno Bruto) e o acúmulo não resolvem, mas o respeito à vida de cada ser humano e a renda básica urge para todos. Cestas básicas, ajuda emergencial são esmolas e não resolvem, pois os problemas estruturais e os direitos fundamentais não são tocados. Precisamos rever os problemas de economia (Luta bonita do papa Francisco!) e os valores centrais da vida para rever as diferenças salariais e de direitos, a partir de uma renda básica para todos. Dinheiro existe, falta vontade política. Por acaso não foi essa a luta que levou Jesus à Cruz?

"A caridade cristã é mais do que simples filantropia", ensina o papa Francisco. A caridade cristã envolve "olhar para os outros com os olhos do próprio Jesus" e, ao mesmo tempo, "ver Jesus no rosto dos pobres". Mas o que o Papa quis dizer com "simples filantropia?"

Nos últimos dois mil anos, ou mais, a filantropia tem sido entendida de várias maneiras: uma questão de honra, uma obrigação religiosa, um mecanismo de controle político, um veículo para o ativismo moral, uma expressão de um iluminado, autointeresse, uma manifestação de bem público, uma realização pessoal ou pela influência do dinheiro.

2. História da filantropia

Entre os gregos antigos, que cunharam a palavra como um composto de duas raízes: *philos*, que significa amigo, e *ánthropos*, o ser humano. A filantropia era vista principalmente como um dispositivo para fortalecer as relações sociais. Aristóteles insistia que o propósito era de melhorar o caráter moral do doador.

Os romanos viam isso em parte como um investimento político para comprar o favor do povo. Aqueles que doaram dinheiro, – para templos, banheiros públicos, estradas ou aquedutos, – colocavam uma placa DSPF ou (De Sua Pecunia Fecit), ou "Feito com Seu Próprio Dinheiro".

O monoteísmo é que mudou o modelo greco-romano. O judaísmo constituiu uma democratização radical das culturas da antiguidade. Todo homem e toda mulher eram vistos como criados à imagem de Deus. Doar não era mais simplesmente pelas relações sociais; doar é imitar a Deus generoso com a humanidade. Talvez não seja coincidência que, ao longo da história da filantropia, os judeus tenham sido doadores consistentemente generosos.

O cristianismo realizou a fusão do pensamento dos gregos, romanos e judeus. Para os cristãos, doar era ajudar os necessitados, era ajudar o próprio Cristo: "Todas as vezes que fizestes isso a um destes pequeninos, que são meus irmãos, foi a mim que o fizestes" (Mt 25,40). Essa perspectiva cristológica era central para a compreensão medieval do que era ser católico. A Igreja primitiva insistia que aqueles que possuem riqueza também têm o dever de usá-la para o benefício de outros. A comunidade comia junto, em refeições compartilhadas, e mantinha seus recursos em um fundo comum, enquanto esperavam pelo retorno de Cristo, que eles presumiam ser iminente. O contexto comunitário, herdado do judaísmo, foi intensificado, ensina Paul Vallely.

A maioria dos primeiros cristãos era das camadas mais baixas da sociedade. O status dos pobres também foi transformado. Em Roma, os pobres eram um grupo a ser explorado e aplacado. Os judeus os viam como infelizes que precisavam de ajuda. Mas os cristãos viam os pobres como um reflexo da encarnação de Deus. Os primeiros Padres da Igreja, como Clemente de Alexandria, começaram a falar dos "pobres piedosos e dos ricos ímpios".

Os filantropos oficiais da Igreja eram os bispos, porque eram responsáveis por institucionalizar o sistema cristão de esmola. Foi uma inovação contracultural que quebrou o vínculo grego e romano entre doação e patrocínio.

São Basílio de Cesareia, bispo, viveu esse novo estilo e insistia que doar não era mais apenas uma questão de honra, *status*, dever cívico ou emulação da generosidade de Deus; era uma questão de justiça. A ação de "dar esmola poderia ser redentora", como decretou Ambrósio, o bispo de Milão do século IV. Essa é a base lançada para o milênio da caridade católica.

A filosofia da filantropia se desenvolveu entre os séculos V a XV. A economia prosperou e, no renascimento do século XII, exigiu reconciliar a simplicidade radical do cristianismo primitivo com uma economia social e política em rápida mudança. Muitas das questões foram levantadas.

Por volta de 1140, Graciano, um monge de Bolonha, criou uma grande sistematização da herança cristã. Reuniu os ensinamentos de Clemente, Basílio, Ambrósio e outros padres da Igreja, com os cânones dos grandes concílios da Igreja e os decretos papais. E dividiu a história da filantropia de dois modos: Em primeiro lugar, criou a distinção entre os pobres que mereciam e os que não mereciam. Em segundo lugar, desenvolveu o que os teólogos medievais chamavam de doutrina do Corpo Místico de Cristo, que sustentava que todos os crentes – ricos ou pobres – estavam conectados de alguma forma cósmica a Deus e uns aos outros em um corpo espiritual com Cristo em sua cabeça. Doar não era simplesmente doar dinheiro ou bens materiais dos ricos para os pobres. Mas reforçar uma relação entre doador e receptor que era espiritual, recíproca, comunitária e inclusiva. A caridade não ajudava simplesmente o doador a alcançar a salvação pessoal; também alimentou a harmonia social, a coesão social, a paz e a ordem, ensina Paul Vallely.

Na filantropia moderna, buscam-se parcerias genuínas com aqueles a quem doam. Pensadores muçulmanos declararam que "generosidade não é apenas dar dinheiro em excesso, mas dividir com os pobres".

Há duas tradições paralelas de doação, que começaram a mudar decisivamente as atitudes dos ricos em relação aos pobres. Uma centra-se na filantropia como um mecanismo de controle. Esse fio condutor vai desde o patrocínio romano, passando pelas Leis dos Pobres (na Inglaterra) e pela moralização caritativa da era vitoriana. Hoje, surge o "filantro-capitalismo", no qual os super-ricos querem impor negócios, de cima para baixo, sobre o que chamam ser "problemas sociais". A outra tradição vem do senso de comunidade monoteísta hebraica e passa pela caridade cristã medieval, o altruísmo iluminista, os filantropos agitadores, que insistiam que seus métodos de negócios deveriam ser modificados pela filantropia, e não o contrário.

Essas duas tradições se separaram em dois caminhos, no século XVI, com a Reforma. Os propagandistas protestantes procuraram ensinar que os mil anos de filantropia cristã não foram suficientes para torná-la eficiente, científica e moderna, porque os católicos só davam esmolas aos pobres para se aliviarem na hora do purgatório, alegando que a caridade medieval era aleatória e egoísta.

Isso não era verdade. A esmola redentora – a ideia de que doar pode eliminar o pecado – entrou no pensamento judaico por volta do século II d.C. Entrou na teologia cristã a partir do século quarto em diante, e não no purgatório medieval, como afirmavam os reformadores protestantes. Na verdade, os teólogos medievais insistiam que esmola não era uma forma de comprar a salvação barata, mas sim, seguindo Aristóteles, uma forma de transformar o próprio caráter do pecador, escreve Paul Vallely.

3. Concluindo

A filantropia precisa redescobrir o vínculo espiritual entre doador e receptor, que caracterizou mil anos de caridade medieval – e tratar os pobres não apenas com maior respeito, mas como parceiros e agentes de seu próprio destino. Os "filantropo-capitalistas", como Bill Gates, educados na necessidade de hipereficiência, proclamam com orgulho sua doação como "filantropia estratégica", mas essa filantropia precisa ser casada com a chamada "filantropia recíproca", se o grande doador quiser fazer sua parte na formação de nosso mundo pós-pandemia.

O papa Francisco diz algo semelhante na *Evangelii Gaudium*, quando fala da necessidade de afirmarmos os valores humanos perante um sistema de mercado que se tornou uma "economia de exclusão e desigualdade". De igual modo, o papa João Paulo II, quando fala de solidariedade na 'Sollicitudo rei socialis' (30.12.1987) e Bento XVI, quando afirma que "o amor será sempre necessário, mesmo na sociedade mais justa", na "Deus caritas est" (25.12.2005). A filantropia deve ser "uma força humanizadora", na qual o doador reconhece a humanidade plena do destinatário, pois o amor vai além do que podem fazer, seja a burocracia impessoal do Estado ou da eficiência implacável do mercado.

"Investir nos pobres." Já em 2014, o papa Francisco ensinou que filantropos e fundações de caridade podem investir em um projeto que faz bem para a sociedade e também lhes traz lucro: "reconhece a conexão final entre lucro e solidariedade, o círculo virtuoso que existe entre o lucro e a doação".

E acrescenta: "Os cristãos são chamados a redescobrir, experimentar e anunciar a todos essa preciosa e primordial unidade entre o lucro e a solidariedade". Por meio do investimento social, os católicos podem ajudar a promover o desenvolvimento econômico e social necessário para satisfazer as necessidades básicas da agricultura, o acesso à água potável, à habitação, aos cuidados de saúde primários e aos serviços educacionais.

Os investimentos de impacto social, por parte de instituições católicas, agora, somam cerca de um bilhão de dólares. É um exemplo clássico de como a *filantropia estratégica e a recíproca* podem unir-se para tornar o mundo um lugar melhor, escreve Paul Vallely (UNIS, 21.9.2020).

XV
HINO AO AMOR (1Cor 13,1-13)

1. Introdução

O Hino ao Amor é geralmente circunscrito ao capítulo 13 da Primeira Carta de São Paulo aos Coríntios (1Cor 13,1-13). No entanto o versículo anterior ao capítulo 13 é introdutório e faz compreender melhor o que segue: "Aspirai aos dons mais altos. Aliás, passo a indicar-vos um caminho que ultrapassa a todos" (1Cor 12,31).

O caminho, de que Paulo fala, são as normas de vida em Cristo Jesus, que ele ensina "em toda parte, em todas as Igrejas" (1Cor 4,17). A essa introdução corresponde também o imperativo enfático na conclusão do hino, no versículo 14,1a: "Procurai o amor" ou, então, mais bem traduzido, "Empenhai-vos pelo amor". Nesse sentido, o papa Bento XVI insiste em afirmar que 1Cor 13 deve ser a Magna Carta de todo o serviço eclesial, sem dúvida, de modo especial, do serviço dos presbíteros, bispos e também de todos os cristãos batizados. O amor se traduz em fraternidade e solidariedade.

Cada um de nós já se colocou o maior problema de todos os tempos, desde a antiguidade até hoje: qual é o supremo bem? Alguns acham que no campo religioso é a fé, mas, na verdade, escreve Paulo: "... de todas, a maior é a caridade, o amor" (1Cor 13,13). Jamais o esforço humano muda o coração do homem. O que muda o coração do homem é o amor, não só o amar, mas o ser amado. O que muda o coração do homem é abrir-se ao amor do outro. Além disso, "a fé age pela caridade" (Gl 5,6).

O Hino ao Amor é escrito em uma prosa ritmada com muitos verbos e muitas figuras retóricas. É uma página toda especial da Primeira Carta aos Coríntios, depois das exortações e advertências sobre as assembleias (1Cor 11,2ss), a "Ceia do Senhor", que exige uma convivência de amor (1Cor 11,17 ss) e ainda os dons do Espírito, a diversidade dos carismas na unidade do "Corpo de Cristo" (1Cor 12). De repente, Paulo muda de estilo e eleva seu ensinamento a um tom muito solene.

2. Hino ao Amor

"Ainda que eu falasse a língua dos homens e dos anjos, e não tivesse amor, seria como o metal que soa ou como o sino que tine. E ainda que tivesse o dom da profecia, e conhecesse todos os mistérios e toda a ciência, e ainda que tivesse toda a fé, de maneira tal que transportasse os montes, e não tivesse amor, nada seria. E ainda que distribuísse toda a minha fortuna para sustento dos pobres, e ainda que entregasse meu corpo para ser queimado, se não tivesse amor, nada disso me aproveitaria."

A caridade é sofredora; é benigna. O amor não é invejoso, não trata com leviandade, não se ensoberbece, não se porta com indecência, não busca seus interesses, não se irrita, não suspeita mal, não folga com a injustiça, mas folga com a verdade. Tudo sofre, tudo crê, tudo espera e tudo suporta. O amor nunca falha. Havendo profecias, serão aniquiladas; havendo línguas, cessarão; havendo ciência, desaparecerá; porque, em parte conhecemos, e em parte profetizamos; mas quando vier o que é perfeito, então o que é em parte será aniquilado.

"Quando eu era menino, falava como menino, sentia como menino, discorria como menino, mas, logo que cheguei a ser homem, acabei com as coisas de menino. Porque agora vemos por espelho em enigma, mas então veremos face a face; agora conheço em parte, mas então conhecerei como também sou conhecido. Agora, pois, permanecem estas três: a fé, a esperança e o amor. Mas a maior delas é o amor."

Este Hino consta de três partes distintas:
a) Não há carisma sem amor (13,1-3);
b) O que é e o que não é o amor (13,4-7);
c) O amor é eterno (13,8-13).

a) Não há carisma sem amor (13,1-3)

Paulo é categórico. Não que sejam ruins ou não devam ser feitos (1Cor 12,8-10). Sem o amor, nenhum carisma ou dom se legitima. Pelo contrário, deixa até de ser carisma. O que faz um carisma ter valor, para toda a comunidade, é que seja exercido com amor. Não adianta falar as línguas dos anjos, nenhuma profecia faz sentido, se não tiver amor. Ajudar os pobres e dar de comer aos famintos não conta; nem sequer o próprio martírio, se não for fruto e consequência do amor.

O amor aparece aqui quase que personificado. Porque se eu não amar, eu ainda sou ignorante para Deus, que é amor. Esse amor que inspira e acompanha todas as obras é reflexo de Deus! Amar é fazer Deus presente no mundo. Amar o próximo está intrinsecamente ligado ao amar a Deus. São João se expressará assim: "Se nos amarmos uns aos outros, Deus permanece em nós" (1Jo 4,12). É uma mentira existencial desligar o amor a Deus do amor ao irmão. "Quem não ama seu irmão, a quem vê, não pode amar a Deus, a quem não vê" (1Jo 4,20).

"Nosso Amor a Deus se mede pelo amor ao próximo", escreveu Edith Stein. Seria sacrilégio desvincular o amor ao próximo do amor a Deus, louvar a Deus com "a língua dos anjos", mas deixar de "contemplar os rostos daqueles que sofrem", de apontar para as enfermidades estruturais da sociedade e dar-se conta de que "uma globalização sem solidariedade afeta negativamente os setores mais pobres. Já não se trata simplesmente do fenômeno da exploração e opressão, mas de algo novo: a exclusão social, os que já estão fora. Os excluídos não são somente explorados, mas supérfluos e, sobretudo, descartáveis" (DAp. 65). Só o amor consegue ver, com os olhos de Deus, os fracos e condenados à morte antes do tempo. Só o amor consegue desvendar, a partir do coração de Deus, as causas dessa realidade iníqua, que é fruto de estruturas injustas; é a falta de amor que gera a falta de ética nos relacionamentos.

Do ponto de vista da mística cristã, "o amor não consiste em sentir grandes coisas, mas em ter uma grande humildade e em padecer pelo Amado", escreve São João da Cruz (em Ditos de Amor e Luz, n. 113). Padecer pelo Amado, presente nos sofredores deste mundo, é, de certa forma, completar "o que falta à paixão de Cristo", como ensina Paulo (Cl 1,24).

b) O que é e o que não é o amor (13,4-11)

"O amor é paciente e benfazejo. O amor não é invejoso, não trata com leviandade, não se incha de orgulho; não faz nada de vergonhoso; não busca seus interesses, não se irrita, não suspeita mal, não se alegra com a injustiça, mas fica alegre com a verdade. Ele desculpa tudo; tudo crê, tudo espera e tudo suporta.

O amor jamais acabará. As profecias desaparecerão; as línguas cessarão; a ciência desaparecerá. Com efeito, nosso conhecimento é limitado, como também é limitado nosso profetizar. Mas quando vier o que é perfeito, desaparecerá o que é imperfeito."

Paulo não fornece uma definição de amor. Nada de especulação teórica, de floreados românticos sobre o amor. Jesus também não respondeu com um conceito abstrato à pergunta do doutor da lei: “Quem é meu próximo?” (Lc 10,29). Em cinco versículos, Paulo apresenta quinze características do amor, quinze hábitos a serem cultivados. Nas duas qualidades que o Antigo Testamento reserva para Deus (paciência e bondade), o que importa são atitudes, comportamentos que o amor suscita! O Amor tem de ser concreto, pé no chão!

Começa com dois atributos (paciência/longanimidade) e, depois (bondade/ amabilidade). No Antigo Testamento, a paciência e longanimidade de Deus estão intimamente relacionadas a sua misericórdia com os pecadores: “Deus misericordioso e clemente, paciente, rico em bondade e fiel, que conserva a misericórdia por mil gerações e perdoa as culpas, rebeldias e os pecados” (Ex 34,6-7). “O Senhor é paciente e misericordioso” (Nm 14,18). A bondade também está ligada à misericórdia, revela a face feminina de Deus. A palavra misericórdia, já pela própria raiz, refere-se ao amor da mãe (seio materno). Da unidade que liga a mãe à criança, aninhada debaixo de seu coração, brota o amor totalmente gratuito: a bondade, a ternura, a paciência, a compreensão, enfim, a misericórdia.

O Antigo Testamento atribui a Deus estas características: “Pode porventura a mulher esquecer-se de seu filho e não ter carinho com o fruto de suas entranhas? Pois ainda que a mulher se esquecesse do próprio filho, eu jamais me esqueceria de ti” (Is 49,15). Esse amor se manifesta de modo especial no perdão: “Eu os curarei de suas infidelidades, amá-los-ei de todo o coração” (Os 14,5).

Paulo coloca esses atributos divinos, a paciência-longanimidade e a bondade-misericórdia, como primeira característica do Amor. Assim, o Hino recomenda que vivamos a paciência-longanimidade e a bondade-misericórdia para com o próximo, do mesmo jeito que Deus o manifesta para conosco. Paulo mostra que o amor/caridade é como a luz, quando vista em um caleidoscópio.

Vêm, em seguida, oito enunciados negativos, esclarecendo o que o Amor não é, e jamais pode ser, o que não faz e nunca permite que se faça:

1. "Não é invejoso"; não conhece inveja (ciúme, ambições, carreirismo, rivalidades), paixões que tanto envenenam a convivência humana e tanto mal fazem a nossa Igreja;

2. "Não se ostenta"; não é presunçoso, não é fanfarrão. Não se preocupa com a fama! Não procura publicidade, popularidade;

3. "Não é orgulhoso"; não se incha de orgulho. Exclui todo tipo de arrogância e ostentação, soberba e vanglória, tirania e prepotência;

4. "Nada faz de vergonhoso", de inconveniente. Jamais atenta contra a moral e a honra, a dignidade de quem quer que seja. São invioláveis a intimidade, a vida privada e a honra das pessoas;

5. "Não procura seu próprio interesse". Não é egoísta, não calcula vantagens pessoais, não pergunta: 'o que ganho com isso?';

6. "Não se irrita", não se encoleriza. É sereno, dialoga e procura entender, não perde o equilíbrio emocional, a ponto de causar mágoas ao próximo;

7. "Não guarda rancor", não leva em consideração o mal sofrido. Cobre ofensas com o manto do perdão, jamais apela para a vingança, nunca parte para o revide;

8. "Não se alegra com a injustiça, mas fica alegre com a verdade." Sofre com a injustiça, que é fruto do ódio, desrespeito e desprezo à dignidade da pessoa humana, feita à imagem e

semelhança de Deus (cf. Gn 1,26), mas se regozija com tudo que é verdadeiro, autêntico, inspira confiança, tudo que promove o relacionamento aberto, sincero, transparente entre as pessoas, aposta na fidelidade total, indestrutível e irrevogável. Para Paulo, o oposto da injustiça é a verdade, que aqui significa a conduta correta, o reto proceder diante de Deus, "o andar com Deus".

Os oito enunciados negativos que indicam o que o amor não é, as dissonâncias causadoras de tanto mal-estar e ansiedade na comunidade, de repente, cedem lugar a uma afirmação clara de tudo aquilo que o amor contém.

O apóstolo São Paulo traçou um quadro incomparável da caridade: "A caridade é paciente, é prestativa, tudo desculpa, tudo crê, tudo espera, tudo suporta", mas esses quatro "tudo" ainda não são o final da Sinfonia do Amor! O que culminará com a retumbante apologia ao amor é: "A maior delas é o amor" (1Cor 13,4-7).

Creio que as palavras de Santa Teresa d'Ávila dão a esse versículo central do Hino do Amor a devida amplitude: "Nada te perturbe, nada te espante! Tudo passa! Deus não muda. A paciência tudo alcança. Quem tem Deus, nada lhe falta. Só Deus basta!"

Tudo passa: poderes e posses, glórias e grandezas, honras e títulos honoríficos, louvores e láureas, profecias e erudição, conhecimento e ciência! "Ora, o mundo passa" (1Jo 2,17). "Nossos dias se dissipam (...), acabam nossos anos como um sopro (...), passam logo e nós voamos" (Sl 90,9-10). Mas o amor jamais passará, porque "Deus é Amor: aquele que permanece no amor permanece em Deus, e Deus permanece nele" (1Jo 4,16). "Só Deus basta!"

c) O amor é eterno, jamais passará (13,11-13)

"Quando eu era criança, falava como criança, sentia como criança e pensava como criança. Agora que sou adulto, parei de agir como criança. O que agora vemos é como uma imagem imperfeita em um espelho embaçado, mas depois veremos face a face. Agora meu conhecimento é imperfeito, mas depois conhecerei perfeitamente, assim como sou conhecido por Deus. Portanto agora existem estas três coisas: a fé, a esperança e o amor. Porém a maior delas é o amor".

Vejamos, agora, por que o amor é maior. "Só Deus basta!", pois ele é o Amor. Só Ele é capaz de saciar nosso coração. Só Ele preencheu o coração de Agostinho e de tantos santos. Enquanto peregrinamos neste mundo "permanecem a fé, a esperança e a caridade". Pela fé, "prova de realidades que não se veem" (Hb 11,1), almejamos um dia ver a Deus "face a face", conhecê-lo como Ele é; amá-lo sem-fim e sem limites. Será a plenitude do amor.

Na visão beatífica, não há mais fé, pois experimentaremos finalmente na imorredoura felicidade "o que os olhos não viram, os ouvidos não ouviram e o coração do homem não percebeu, tudo o que Deus preparou para os que o amam" (1Cor 2,9).

A Esperança, "qual âncora da alma, segura e firme" (Hb 6,19) acabará; aparecerá, então, o maravilhoso amanhecer da eternidade em que a montanha sagrada aparecerá luminosa e o amor invadirá e encherá todo o nosso ser sem jamais ter fim.

"A maior deles é o amor", porque "Deus é Amor" (1Jo 4,16). "Toda a Lei encontra sua plenitude em um só mandamento: o amor" (Gl 5,14).

Mas ainda estamos a caminho. E Santo Agostinho nos aconselha: "Amando o próximo e cuidando dele, vais percorrendo teu caminho. E para onde caminhas senão para o Senhor Deus, para aquele que devemos amar de todo o nosso coração, de toda a nossa alma, de toda a nossa mente?

É certo que ainda não chegamos até junto do Senhor; mas já temos conosco o próximo. Ajuda, portanto, aquele que tens ao lado enquanto caminhas neste mundo, e chegarás até junto daquele com quem desejas permanecer para sempre". A felicidade só pode ser encontrada em um amor não egoísta; este 'amor que é morrer sem se acabar'".

3. Conclusão

Para concluir nossa reflexão sobre o "Hino ao Amor", que é, sem dúvida, o tema central da mensagem de Jesus, não achei palavras mais significativas do que as que seguem extraídas dos escritos de Balduíno, bispo de Cantuária, que viveu no século XII (Tratados, PL 204, 513-514).

"Forte é a morte, poderosa para despojar-nos do revestimento deste corpo." Forte é o amor, poderoso para roubar os despojos da morte e no-los entregar de novo. Forte é a morte; a ela, o homem não pode resistir. Forte é o amor que pode vencê-la... Assim será quando for insultada e ouvir; "Onde está, ó morte, teu aguilhão? Onde está, ó morte, tua vitória? (1Cor 15,55). "O amor é forte como a morte, porque é a morte da morte" (Ct 8,6).

O Amor é sempre desafiante e no viver diário cheio de muitas falhas. Por isso o Amor é como um doente a ser curado. Oxalá, cresçamos no amor, que Paulo ensinou e viveu!

XVI
O AMOR NA 1ª CARTA DE SÃO JOÃO

1. Introdução

O centro da carta é o amor, que traduz a fé em vida concreta. Amar o próximo significa conhecer a Deus, viver na luz, estar unido a Deus e aos irmãos. O amor em Deus gera a fé e a fé gera o testemunho.

O amor vem de Deus. Somente quem ama o irmão tem a certeza de amar a Deus. O amor vem de Deus. Ele é a origem e a fonte do amor; quem ama nasceu de Deus e conhece a Deus. O conhecimento se dá pelo contato, pelo encontro e pelo confronto, pois Deus é amor (4,8.16). O amor de Deus é a raiz de tudo. A experiência do amor de Deus está na raiz da Bíblia.

Ela deve ter sido escrita em Éfeso, onde São João, o discípulo amado, e Maria, a mãe de Jesus, viveram. Éfeso era uma cidade portuária, greco-romana, com mais de duzentos mil habitantes; era um dos grandes centros de desenvolvimento econômico e do pensamento filosófico do Mediterrâneo. Tinha uma sociedade escravista –, quase dois terços da população.

A comunidade cristã era solidária; havia sido fundada por Paulo na segunda viagem missionária (At 18,24-26). Foi influenciada pela filosofia da "gnose", que afirmava que apenas pelo conhecimento mental e espiritual a pessoa entra em contato com o Deus verdadeiro, com uma fé desligada da realidade.

Se olharmos de perto, existem muitas semelhanças estilísticas e teológicas entre o Evangelho de João e as epístolas joaninas, porém há também diferenças grandes que levantam dúvidas se o autor das epístolas é realmente o evangelista São João. É possível que o escritor ou o redator das epístolas seja um dos colaboradores menores do Evangelista.

É admissível que tenha sido escrita pela segunda geração de cristãos, visto que conhece muitos resultados da ação de Jesus e dos que foram testemunhas oculares, como os apóstolos e os discípulos. Contudo, o autor da carta apresenta-se como testemunha fidedigna da tradição que recebeu (cf. 1Jo 1,1-4).

Quando foi escrita esta carta a comunidade passava por uma crise, pois um grupo de cristãos dissidentes propunha a doutrina gnóstica, que afirmava que o homem se salva graças a um conhecimento religioso especial e pessoal. Negavam que Jesus era o Messias e se gloriavam de conhecer a Deus, de amá-lo e de estar em íntima união com Ele. Afirmavam-se iluminados, livres do pecado e da baixeza do mundo e não davam importância para o amor ao próximo.

A carta busca responder à crise de fé que havia em alguns membros da comunidade. Alguns não davam a devida importância à prática concreta da fé e do amor, no dia a dia da vida, e diziam que a comunhão consiste, sobretudo, no conhecimento intelectual (gnose, como se dizia na língua deles). Eram provavelmente os "docetistas" que negavam o corpo humano de Jesus e negavam a Encarnação (cf. 4,2). O centro da carta é o amor, que traduz a fé em vida concreta. Amar o próximo significa conhecer a Deus, viver na luz, estar unido a Deus e aos irmãos, não pertencer ao mundo e cumprir os mandamentos. Portanto amar a Deus é praticar a justiça, é ser filho de Deus, obter o perdão dos pecados e libertar-se do medo.

2. Divisão da Carta

Podemos dividir a carta de João em três partes, mais a introdução e a conclusão:

a) Introdução (1,1-4)
b) Caminhar na luz (1,5-2,28)
c) Viver como Filhos de Deus (2,29-4,6)
d) O amor e a fé (4,7-5,13)
e) Conclusão (5,14-21)

a) Introdução (1,1-4)

A carta começa com um prólogo, como o Evangelho de João, afirmando a existência do Verbo por meio da encarnação, desde o princípio da criação. Inicia convocando os sentidos para testemunhar Jesus e afirmando a relação entre o Pai e o Filho, que gera a alegria completa.

b) Caminhar na luz (1,5–2,28)

Deus é Luz em oposição às trevas, isso é próprio do quarto Evangelho. A revelação é a manifestação de Deus no seio da história (cf. 1,5-7). Deus é a luz, a vida; as trevas são as que opõem à vida, ao projeto de Deus. Caminhar na luz exige vivenciar o mandamento do amor. Para caminhar na luz são necessários quatro passos.

O primeiro é reconhecer-se pecador para descobrir o novo rosto de Jesus. A comunidade é pecadora e cúmplice dos pecados dela, mas a revelação mostra que Deus perdoa (1,8–2,2).

O segundo passo é amar, isto é, viver o mandamento do amor, quer dizer que o amor ao próximo é parte do amor a Deus e do estar na luz; sabemos que a comunidade joanina se fundamenta sobre a base do mandamento do amor. Conhecer e permanecer são parte da mesma experiência de Deus. O conhecimento se refere a uma experiência amorosa de Deus, que se revela em Jesus (2,3-11).

O terceiro passo é não amar o mundo, porque os anticristos são contra o projeto de Jesus e a favor do mundo, eles pertencem, falam a linguagem do mundo e o mundo os ouve, não reconhecem Jesus como o Messias e Salvador. O Maligno é próximo do mundo (2,12-17).

O quarto passo é o cuidado com os anticristos que saíram da comunidade, e está relacionado com a última hora, e eles continuavam influenciando. Eram aqueles que participavam da comunidade, mas não estavam em comunhão com ela; eram batizados que não participavam do projeto de Cristo. Não basta ser batizado para ser filho de Deus, é necessário praticar a justiça. Eram os falsos profetas (2,18-28).

c) Viver como Filhos de Deus (2,29–4,6)

A segunda parte da carta começa com a afirmação de que somos Filhos de Deus e apresenta o tema da justiça retomando os temas anteriores. A justiça era a marca dos seguidores de Cristo (2,29-3,2). A justiça consiste em amar e se doar totalmente (Jo 13,1). O texto é claro, pois devemos discernir entre justiça e pecado, amor e ódio, ser filhos de Deus ou do diabo, rompendo com o mal e o pecado. Quem nasceu de Deus e tem como referência Jesus não pode pecar, não pode deixar de amar, pois o pecado é ausência de justiça e de amor.

Quem é filho do diabo peca, isto é, não ama. Jesus se manifestou para destruir as obras do diabo (3,3-10). Amar é o mandamento principal, o que é contrário a Caim que mata Abel, cometendo o maior crime de fraternidade. O amor aos irmãos é o que fortalece a consciência diante do julgamento final.

O amor autêntico é aquele que dá a vida. Quem não ama o irmão pratica a injustiça, está ao lado do diabo e vive no pecado. Com Jesus, começou a era da justiça: o amor ao irmão leva à relação, à comunhão, à partilha e à fraternidade (3,11-24).

Os anticristos pertencem ao mundo, por isso é necessário o discernimento diante das realidades e dos valores cotidianos, pois os seguidores do Ancião e do anticristo se consideravam profetas ou movidos pelo Espírito (4,1-6).

d) O amor e a fé (4,7–5,13)

A terceira parte tem o tema do amor e da fé. O amor refere-se às relações entre as pessoas; a fé toca as relações com Jesus, com Deus. O amor e a fé abraçam todas as dimensões da vida. É o Espírito, portanto, que gera a fé em Jesus, e fé é compromisso que produz vida nova.

O Amor vem de Deus. Somente quem ama o irmão tem a certeza de amar a Deus. O amor vem de Deus. Ele é a origem e a fonte do amor, quem ama nasceu de Deus e conhece a Deus. O conhecimento se dá pelo contato, pelo encontro e pelo confronto, pois Deus é amor (4,8.16). O amor de Deus é a raiz de tudo.

A experiência do amor de Deus está na raiz da Bíblia. Ao longo das muitas crises que ocorreram durante a história do povo de Deus, é sempre a redescoberta do amor de Deus que fazia o povo renascer e retomar a sua caminhada. O amor só é concretizado quando vivido. O amor não tem limites e tem muitas formas de se expressar, ele vem de Deus, pois Ele tomou a iniciativa de nos amar.

O amor de Deus é gratuito e desinteressado. Nosso amor só chega a Deus passando pelas pessoas. A Trindade é a prática do amor. As relações de quem ama têm como base a confiança; as relações de quem não ama se baseiam no medo. Não se pode amar a Deus, sem amar as pessoas (4,7–5,4).

O amor de Deus gera a fé e a fé gera o testemunho. É a fé que acolhe o dom que Deus realiza em Jesus. É essa fé que faz experimentar desde já a vida eterna. A palavra testemunho aparece dez vezes no texto, para sublinhar a importância da coerência da vida fraterna na comunidade (5,5-13).

3. Conclusão (5,14-21)

A carta termina afirmando a necessidade da oração e do discernimento. A oração é o meio para nos colocarmos dentro do projeto de Deus e pedirmos a realização de sua vontade amorosa, que gera vida e liberdade. As comunidades joaninas, por serem fraternas, acreditavam no poder da oração, como forma de superar os conflitos das limitações humanas.

Há dois tipos de pecado: o que não conduz à morte, decorrente das fraquezas e limitações; e o que leva à morte, rejeição radical da proposta de Jesus. Os ídolos são pessoas, coisas, estruturas e projetos que produzem escravidão e morte, sobretudo que se apresentam como absolutos.

O amor vem de Deus, pois Ele tomou a iniciativa de nos amar. O amor de Deus gera a fé e a fé gera o testemunho.

XVII
OBRAS DE MISERICÓRDIA (Mt 25,34-46)

1. A prática do amor

Praticar as obras de Misericórdia é amar concretamente Jesus nos irmãos. As Obras de misericórdia estão na linha do valor que os cristãos dão aos pobres. Os pobres têm muitos rostos. O amor a eles tem de ser, em todos os tempos, o distintivo dos cristãos. Não se trata apenas de lhes dar alguma esmola, pois eles têm direito à justiça. O cristão tem o dever de acolher os necessitados deste mundo com grande atenção, amor e eficácia. Os cristãos têm o dever de partilhar seus bens.

As obras de misericórdia são ações e práticas que se esperam de todos os cristãos. A misericórdia, por sua vez, é a expressão do amor gratuito de Deus pela humanidade, nas várias necessidades. Não há mérito por parte dos homens. Deus simplesmente os ama. Seu amor misericordioso salva e restaura o ser humano. A Igreja tem a missão de tornar presente, por sua ação, a misericórdia de Deus no mundo. Um modo de cumprir esse ensinamento é o exercício das obras de misericórdia.

Todo ato de amor resulta em misericórdia; não há como fugir dessa verdade! Ame os que perseguem você, os que caluniam você, os que não gostam de você. Seus gestos de amor transformarão os corações: primeiro o seu, e, em consequência, o do próximo! O menor ato de amor que você praticar terá como resultado a misericórdia! Praticar as obras de misericórdia é amar concretamente Jesus nos irmãos.

Cada um, dentro de suas possibilidades e seus dons, é chamado, em diversos momentos da vida, a praticar as obras de misericórdia. Para uns é mais fácil visitar enfermos, para outros é mais fácil ensinar os ignorantes. Mas para todos, em alguma fase da vida, surgirão os momentos de perdoar as injúrias e sofrer com paciência as fraquezas de nosso próximo.

Cristo misericordioso e pobre é o modelo de amor aos desprovidos, doentes e necessitados. Em nenhum ponto os cristãos serão tão apreciados como na forma de tratar os pobres: "Quantas vezes o fizeste a um destes pequeninos, foi a mim que o fizeste" (Mt 25,40).

A prática é comumente pedida e vista tanto como um ato de caridade quanto de penitência. Diferentes comunidades protestantes, como os metodistas, concordam com essas afirmações.

As Santas Casas de Misercórdia que, como tal, surgiram nomeadamente no início do séc. XVI, são fruto da prática da caridade.

As Obras de Misericórdia são tradicionalmente divididas em duas categorias, com sete elementos cada: as obras de misericórdia corporais, que dizem respeito às necessidades materiais do outro, e as obras de misericórdia espirituais, que dizem respeito às necessidades espirituais.

2. Base Bíblica

"Bem-aventurados os misericordiosos, porque eles alcançarão misericórdia" (Mt 5,7). Eles também são obrigados, por uma questão de obediência, ao segundo dos dois grandes mandamentos: "Amarás a teu próximo como a ti mesmo" (Mt 22,39).

Em Mateus 25,34-46, Jesus insiste na necessidade de observar as seis primeiras obras de misericórdia corporais:

“Então dirá o Rei aos que estiverem a sua direita: Vinde, benditos de meu Pai, possuí como herança o reino que vos está destinado desde a fundação do mundo. Pois tive fome, e destes-me de comer; tive sede, e destes-me de beber; era forasteiro, e recolhestes-me; estava nu, e vestistes-me; enfermo, e visitastes-me; preso, e viestes ver-me. Então perguntarão os justos: Senhor, quando te vimos faminto, e te demos de comer; ou com sede, e te demos de beber? Quando te vimos forasteiro, e te recolhemos; ou nu, e te vestimos? Quando te vimos enfermo, ou preso, e fomos visitar-te? O Rei responderá: Em verdade vos digo que quantas vezes o fizestes a um destes meus irmãos mais pequeninos, a mim o fizestes. Dirá também aos que estiverem a sua esquerda: Apartai-vos de mim, malditos, para o fogo eterno, destinado ao diabo e seus anjos. Pois tive fome, e não me destes de comer; tive sede e não me destes de beber; era forasteiro, e não me recolhestes; estava nu, e não me vestistes; enfermo e preso, e não me visitastes. Também eles perguntarão: Senhor, quando te vimos faminto, com sede, forasteiro, nu, enfermo, ou preso, e não te servimos? Então lhes responderá: Em verdade vos digo que quantas vezes o deixastes de fazer a um destes mais pequeninos, a mim o deixastes de fazer. Irão estes para o suplício eterno, porém os justos para a vida eterna”.

3. As sete obras de misericórdia corporais

As obras de misericórdia corporais são aquelas que tendem às necessidades corporais do outro. Em Mateus 25,34-40, na separação das ovelhas e dos carneiros, seis obras específicas são enumeradas, embora essa não seja uma lista precisa. A última obra de misericórdia vem do Livro de Tobias, sepultar os mortos.

1) Dar de comer a quem tem fome
2) Dar de beber aos quem têm sede
3) Vestir os nus
4) Dar abrigo aos peregrinos
5) Visitar os doentes e encarcerados
6) Libertar os escravizados
7) Sepultar os mortos

4. As sete obras de misericórdia espirituais

Assim como as obras de misericórdia corporais são direcionadas para aliviar o sofrimento corporal, o objetivo mais importante das obras espirituais é aliviar o sofrimento espiritual. Como essas podem ser um pouco mais difíceis de entender, daremos algumas orientações para tirarmos melhor proveito. São tradicionalmente enumeradas da seguinte forma:

1. Dar bom conselho. Instruir não é simplesmente transmitir conhecimentos. É também ensinar os valores do Evangelho, formar na doutrina e nos bons costumes éticos e morais. E corrigir os que erram. Orientar;

2. Ensinar os que não sabem. Aconselhar é ajudar a lançar luz no caminho de quem hoje pisa em sombras. É o dom de orientar e ajudar a quem precisa;

3. Corrigir os que erram. E pelo menos questionar se aquilo era o melhor a ser feito. A trave de nosso olho pode ser maior que a do outro. Toda instrução que brota da caridade, oração e paciência, gera frutos em abundância;

4. Consolar os aflitos. Todos nós passamos na vida momentos de aflições e sofrimentos, algumas vezes em consequência de nossos próprios erros, em outras por perdas, enfermidades, problemas pessoais ou familiares. Nesses momentos,

precisamos de consolação. Entretanto aliviar, diminuir dor ou sofrimento moral e espiritual deve acontecer também da parte dos irmãos, como recomenda São Paulo: "Consolai-vos mutuamente e edificai-vos uns aos outros" (1Ts 5,11).

5. Perdoar as ofensas. O perdão é uma exigência do Evangelho e uma condição para entrar no Reino. Jesus nos dá essa lição, ao ensinar a oração do Pai-nosso: "Se perdoardes aos homens as suas ofensas, vosso Pai Celeste também vos perdoará. Mas se não perdoardes aos homens, tampouco vosso Pai vos perdoará" (Mt 6,14-15).

6. Suportar as fraquezas do próximo. Para viver o evangelho de Jesus é preciso ser paciente. Essa obra espiritual nos exorta a suportar com paciência os que estão próximos a nós, com todas as suas limitações, fraquezas, seus defeitos, suas adversidades e misérias. São Paulo escreve: "Pedimos-vos, porém, irmãos, corrigi os desordeiros, encorajai os tímidos, amparai os fracos e tende paciência com todos" (1Ts 5,14).

7. Orar para os vivos e defuntos. Jesus rogou a Deus pelos seus e por todos que em todos os tempos viriam a ser seus discípulos, isto é, por todos nós (Jo 17,1). Santo Ambrósio ensinou: "Tudo o que damos por caridade às almas do Purgatório converte-se em graças para nós, e, após a morte, encontramos seu valor centuplicado".

5. A fé Católica

A fé Católica é explícita ao destacar que as boas obras são indispensáveis para a salvação: "A fé sem obras é morta" (Tg 2,17).

São programas sociais da Campanha da Fraternidade 2019, projetos para a solução de problemas dos mais pobres, sofredores, vítimas de injustiças. São a saúde, educação, o meio ambiente, os pobres, a moradia, os esgotos.

Para nós, católicos, são obras de Misericórdia a Pastoral social e as Práticas de fraternidade. A Campanha da Fraternidade pede que participemos de projetos e planejamentos, como: Conselhos de saúde, educação, trabalho, moradia, audiências públicas, conferências, fóruns. É nossa colaboração no bem comum. Devemos ajudar a solucionar os problemas sociais e comunitários. Precisamos conhecer as leis, os direitos, as instituições e as organizações, que lutam por uma vida mais digna, por emprego, paz, saúde, educação. Oras, isso exige dinheiro, orçamento, financiamento, aplicação correta de recursos. Governo, empresas e o povo, juntos, devem buscar soluções concretas para os problemas sociais.

6. Em resumo

Como bem disse São João da Cruz: "Ao entardecer desta vida, seremos julgados pelo amor". No Diário de Santa Faustina, algo nos chama a atenção: "O Amor é a flor e a Misericórdia é o fruto". Todo ato de amor resulta em misericórdia, não há como fugir dessa verdade! O menor ato de amor que você praticar, terá como resultado a misericórdia.

As boas obras não se definem pela quantidade, mas pela qualidade. Não se definem por si mesmas, mas por suas motivações. Praticar as obras de Misericórdia é amar concretamente Jesus nos irmãos.

XVIII
A PARÁBOLA DO BOM SAMARITANO (Lc 10,30-37)

1. O amor que salva

A Parábola do Bom Samaritano é registrada exclusivamente no Evangelho de Lucas:

Retomando a palavra, disse Jesus: "Um homem descia de Jerusalém a Jericó e caiu nas mãos de assaltantes, que roubaram tudo o que tinha, agrediram-no a pauladas e fugiram, deixando-o quase morto. Por acaso descia um sacerdote por aquele caminho: viu-o e seguiu adiante. De igual modo um levita, chegando àquele lugar, ao vê-lo, seguiu em frente. Um samaritano, porém, que ia de viagem, chegou perto dele e, ao vê-lo, teve compaixão. Aproximou-se dele e fez curativos em suas feridas, derramando óleo e vinho; depois montou-o em seu próprio animal, levou-o a uma pensão e cuidou dele. No dia seguinte, tirou duas moedas e, entregando-as ao hospedeiro, disse-lhe: 'Cuida dele, e o que gastares a mais, na volta eu o pagarei'. Qual dos três, em tua opinião, comportou-se como próximo do homem que caiu nas mãos dos assaltantes?" Ele respondeu: "Aquele que o tratou com bondade". Então Jesus lhe disse: "Vai e faze o mesmo!" (Lc 10,30-37).

2. Ambiente

Sobre a pergunta qual é o maior dos mandamentos? Pergunta feita a Jesus por um doutor da Lei, que sabia a resposta. O doutor da Lei respondeu recorrendo a Dt 6,5 e Lv 19,18, resumindo: "Amarás o Senhor teu Deus de todo o teu coração, de toda a tua alma, de todas as tuas forças e de todo o teu entendimento; e amarás o teu próximo como a ti mesmo" (Lc 10,27).

Então, Jesus disse ao doutor da Lei que ele havia respondido corretamente. Bastava fazer isso e ele obteria a vida eterna (Rm 7,12; Gl 3,12). O problema é que enquanto a Lei é espiritual, o homem é fraco e material (Rm 7,14).

Mas continua perguntando e quem é meu próximo? É nesse contexto que Jesus faz sua mensagem catequética, com a Parábola do Bom Samaritano para ensinar o que é o amor, que, na prática, é cuidar do próximo.

Na parábola Jesus fala sobre um homem que descia de Jerusalém a Jericó. No caminho ele acabou caindo nas mãos de ladrões. Os ladrões roubaram tudo o que o homem tinha, e ainda o feriram muito. Então o homem ficou abandonado e gravemente ferido, caído na estrada.

Depois disso, descia pelo mesmo caminho um sacerdote. Quando o sacerdote viu o homem ferido, logo passou direto pelo lado oposto. Da mesma forma um levita também descia pelo mesmo lugar, e também passou longe do homem ferido. Mas, em seguida, descia por ali também um samaritano. Ao ver o homem ferido, o samaritano se compadeceu dele.

O samaritano tratou dos ferimentos daquele homem com óleo e vinho. Depois, colocou-o sobre seu próprio animal e levou-o para uma hospedaria (não havia hospital naquela época), a fim de cuidar dele. No dia seguinte, antes de partir, o samaritano deu duas moedas ao dono da hospedaria para que ele continuasse cuidando do homem ferido. O samaritano ainda disse que, se houvesse qualquer outro gasto, o dono da hospedaria deveria colocar em sua conta, que ele acertaria quando voltasse.

3. Personagens

Na Parábola do Bom Samaritano, são mencionadas cinco personagens principais. São eles: o homem que foi assaltado, o sacerdote, o levita, o samaritano e o dono da hospedagem. Obviamente, dentre todas essas pessoas, o bom samaritano é a figura central.

Do homem assaltado, Jesus não diz nada. Ele é uma figura anônima. Tudo o que se sabe é que ele foi cercado pelos ladrões que o deixaram quase morto.

O sacerdote e o levita (auxiliar dos sacerdotes), que desciam pelo caminho, muito provavelmente estavam indo para suas casas. Em Jericó moravam muitos sacerdotes e levitas. Depois que eles terminavam suas ocupações no serviço religioso no Templo, eles partiam de Jerusalém para Jericó.

O Samaritano é descrito por Jesus como aquele que fez o que deveria ser feito. Na mentalidade de um judeu isso não era algo comum. Os samaritanos não eram um povo simpático aos judeus, e vice-versa. A antipatia entre samaritanos e judeus remontava os tempos do Antigo Testamento.

Os judeus consideravam os samaritanos um povo mestiço. Eles tinham erguido seu próprio Templo, no monte Garizim, e seguiam como escritura somente o Pentateuco. Flávio Josefo diz que, certa vez, os samaritanos profanaram a área do Templo para impedir que os judeus comemorassem a Páscoa. Nas Sinagogas judaicas, os samaritanos eram amaldiçoados; inclusive, os judeus pediam a Deus que excluísse os samaritanos da vida futura.

4. Clareando detalhes da Parábola

Na Parábola do Bom Samaritano, Jesus utilizou uma cena muito real e concreta de sua época: uma viagem de Jerusalém a Jericó. A distância entre Jerusalém e Jericó é de aproximadamente 27 quilômetros, porém esse percurso apresenta um declive acentuado de cerca de 1.200 metros. Isso significa que a estrada que liga Jerusalém a Jericó passa por terrenos acidentados e montanhosos.

Naquele tempo era considerado perigoso viajar por esse caminho. Havia muitos rochedos e buracos, e os criminosos se aproveitavam das dificuldades geográficas do local para fugirem e se esconderem. Quando um bando de ladrões atacava uma pessoa, dificilmente ela conseguia escapar. Foi isso o que aconteceu com o homem da parábola.

Quando a figura do sacerdote desponta na parábola, inicialmente parece ser uma indicação de esperança. Naturalmente, esperava-se que um homem considerado santo ajudasse o coitado que estava ferido. Mas ele passou direto! Preferiu seguir pelo lado oposto da estrada. Para ele, quanto mais longe, melhor.

Não havia nenhuma justificativa para o comportamento daquele sacerdote. É verdade que a Lei lhe proibia de tocar em um cadáver. Se isso acontecesse ele se tornaria cerimonialmente impuro. Além disso, o sacerdote não estava indo para o Templo, mas para casa. Quando o levita aparece na parábola, ele também não prova ser melhor que o sacerdote.

Ambos falharam em cumprir um dos requisitos mais imperativos e fundamentais da Lei de Deus (Mq 6,8). Eles não demonstraram amor e misericórdia para com os necessitados. Deus havia ordenado que os israelitas fossem misericordiosos até mesmo para com os estrangeiros e inimigos (Ex 23,4-5; Lv 19,34).

Por fim, Jesus usa a figura do Samaritano. Na visão judaica, um samaritano naquela cena seria a consumação da desesperança. Eles retribuíam ódio por ódio (Lc 9,53). Mas foi justamente o samaritano que demonstrou compaixão. Ele viu um ser humano em dificuldade e o ajudou.

Essa parábola tem sido alvo de diversas interpretações alegóricas, mas são interpretações que acabam se distanciando do verdadeiro significado. Ignoram o contexto e desprezam o verdadeiro propósito de Jesus, ao contar a parábola do Bom Samaritano.

O Verdadeiro sentido é que devemos agir como o bom samaritano que demonstrou compaixão. Ele viu um ser humano em dificuldade e o ajudou.

5. Conclusão

Aqui, Jesus ensinou o que é o amor; que, na prática, é cuidar do próximo. Eu estou sendo um bom próximo para os necessitados a meu redor? Jesus concluiu: “Vai e faze tu a mesma coisa” (Lc 10,37). Este é o Amor que salva. Jesus foi e é o Bom Samaritano da humanidade. É Jesus o único médico capaz de curar nossa falta de fé e de Amor! Estamos todos doentes e precisamos crescer no amor aos necessitados.

XIX
MARIA, A "MÃE DO DIVINO AMOR"

Com Maria aprendemos a amar. São muitos os nomes que o povo dá a Maria. Sua ladainha é comprida, mas não contém nem metade dos títulos que a tradição popular lhe consagra. Querendo coroar este livro com uma mensagem sobre Maria, aproveito um dos títulos com que o papa Francisco se dirige a Maria: "Mãe do Divino Amor". Quem amou e ama Jesus mais do que sua Mãe?! Ele é seu Filho de carne e osso; Ele cresceu e era obediente a seus pais em Nazaré, frequentava a religião todos os sábados e ia crescendo em sabedoria e graça, diante de Deus e diante dos homens (Lc 2,51). "E Maria guardava tudo em seu coração" (Lc). Era a Mãe atenta, cheia de fé e muito amor. Levou Jesus até a Cruz, e ali recebeu a missão de ser nossa mãe: "Filho, eis tua Mãe" (Jo). E, hoje, na glória, continua sua Missão junto ao "Divino Amor", levando-nos, como Mãe, ao amor divino de seu Filho.

E aqui quero lembrar três títulos especiais que Maria tem e fundamentam o ser "Mãe do Divino Amor".

a) Maria é "A Escolhida". O Anjo Gabriel não se enganou. Era a jovem Maria de Nazaré. Foi lá que Deus o enviou com sua proposta. "Alegra-te, cheia de Graça! O Senhor está contigo." "Conceberás e darás à luz um filho, e lhe porás o nome de Jesus" (Lc 1,28ss). Orientada como seria "o espírito Santo descerá sobre ti", com alegria, coragem e humildade, responde: "Eis aqui a serva do Senhor! "Aconteça-me segundo tua Palavra."

b) Maria é "A Mulher" do Sim. Totalmente feminina. Bela, encantadora e sonhadora! Vai construindo seus sonhos e projetos. Maria a "Mulher plena", "Nova Eva", "Perfeita" nos planos de Deus; ao contrário de Eva, que simboliza nossa perda e fraqueza. É por isso que São João usará mais o termo "Mulher" (Ichá) do que "Mãe".

c) Maria é "A Mãe do Divino Amor". Ela gerou – ainda que por obra do Espírito Santo –, mas o viu crescer dentro dela. Sonhou, idealizou e como será? Também sofreu, mas a alegria da maternidade fez esquecer tudo o que passou. Por que as mães têm o sexto sentido tão ativo e sensível? Por isso a Igreja proclama que em Maria tudo tem sua causa em sua maternidade divina. Porque ela aceitou o convite do anjo, ela é a "Mãe do Divino Amor", tanto de Jesus como de toda a Igreja.

São José, sempre a seu lado, foi um apoio forte e corajoso. Ele é o Pai adotivo, mas que assumiu e deu a paternidade a Jesus.

No culto a Maria, podemos realçar muitas coisas: festas, orações, devoções, novenas, peregrinações etc. Mas é bom ressaltar os fundamentos teológicos que dão suporte as nossas devoções.

Quando descobrimos que Maria não é uma imagem, mas uma pessoa real e concreta, as imagens são secundárias. O importante em Maria é ser Mãe de Jesus e nossa Mãe. E a missão de Jesus é nos levar ao amor do Pai. E como Mãe, Maria envolve todos nós: mas como Mãe e seguidora fiel de Jesus. A Missão de Maria e Mãe nossa é nos levar a Jesus, a seu Evangelho e a seu Reino, não substituir Jesus. Nossas devoções são expressões de amor de um filho à mãe, às vezes, exageradas. "Mas o amor, sabemos, sempre nos faz fazer coisas exageradas."

Imitar Maria é sempre querer estar mais perto de Jesus e dela, pois não podemos separar a Mãe do Filho, nem o Filho da Mãe. Com Maria aprendemos a AMAR mais.

XX
CONCLUSÃO INCONCLUSA

Estamos finalizando o livro e muitos outros capítulos poderiam ser apresentados. Parei por aqui, para não me estender muito. O tema do amor é imenso, mas tocamos no principal e no que mais nos pode ajudar.

O Amor é VIDA e a Vida é AMOR. O amor é o mais importante na vida; é o mais difícil, por isso um grande desafio. O amor é um grande desafio pessoal, familiar e social. A família é a base do amor, da vida e da complementação. É a Igreja doméstica. Nós todos somos colaboradores e responsáveis pela união ou desunião, pelo amor e desamor!

Qual amor está doente? Todos ou um só?

Só que o amor humano é pequeno, imperfeito, limitado, inseguro, medroso e cheio de decepções. Por isso pode estar doente. Nunca está perfeito! O narcisista parece incapaz de amar, pois tudo nele passa pelo "eu" e tem muita dificuldade de chegar ao "nós". O amor humano precisa muito de perdão, de paciência e de renovação, para ser vida.

Ao longo do livro, vimos vários métodos e caminhos. Há Mestres do humano, do corpo, do psíquico e do espiritual. E há curas para todas as doenças, do corpo, do emocional, do social e do espiritual, mas o doente precisa melhorar!

Construir o verdadeiro amor cristão é um desafio religioso, político e humano. "Só o amor é digno de Fé", relembrem esse capítulo. Somos limitados e terrivelmente egoístas. Precisamos trabalhar nosso interior e nossas inseguranças.

Na filosofia do mundo, o amor doação, o sofrimento pelos outros é fracasso. O que vale, dizem, são as realizações humanas, que deem lucro, vantagens e poder: "ganharam o mundo inteiro", mas perderam o sentido da vida, "pois que vão levar?" Vingança, pagar com a mesma moeda – lei do Talião – também não compensa, e é sinal de coração pequeno e carente.

Será que a teoria da reencarnação – tão espalhada pelo Brasil – não é a vontade de que na próxima vida possamos fazer melhor do que agora fazemos? Mas como não vai haver reencarnação – conforme Hb 9,27 – vamos fazer o bem hoje e agora; não deixemos para amanhã. Só fazer o bem dá alegria e compensa. Tudo passa, só o amor permanece.

Deus Pai teve um plano ao criar o mundo; teve época que queria desanimar (Gn 9,11), mas não desanimou. Foi mostrando mais seu amor, pela Aliança e pela luta dos profetas.

Depois enviou seu Filho, a "ele vão respeitar!"; mas não foi assim. Jesus lutou muito para que a vida pudesse ser melhor, mais justa, mais fraterna. Mas não conseguiu. Só um pequeno grupo aceitou. Jesus chorou sobre sua querida cidade de Jerusalém, "Se conhecesses, hoje, o que te pode trazer a Paz!" (Lc 19,42). Rejeitado pelas autoridades romanas e judias, foi condenado à morte. Só o Pai não esqueceu e um pequeno grupo. Por isso Deus o Ressuscitou para nos dizer que Jesus tinha razão e seu projeto do Reino era verdadeiro e valeu a pena. Com a Páscoa, ensina o Padre Karl Rahner, "começou no mundo algo que o move irreversivelmente para seu sentido pleno; o pavio foi aceso no passado, agora queima, mas mudará de forma ininterrupta o futuro no bom futuro de Deus". Por isso só Jesus é a Verdade e o Verdadeiro Mestre. Jesus entende de todas as nossas fraquezas e nos mostra a cura para todas elas (UNIS, 5.4.2021).

Se o "Amor é mais VIDA", amemos mais e mais; assim o amor ficará melhor e nunca acabará. Precisamos dos outros e de Deus para que nosso coração possa abrir-se. O amor de Deus, em Jesus Cristo, é modelo e nos amou até o fim. Fazer o bem é a essência de Deus que só pode ser Amor. O amor – Ágape – é doação; põe o "outro" em primeiro lugar, por isso é mais feliz e verdadeiro. Superar a pastoral do medo pela pastoral de Esperança!

O amor dos místicos é o mais verdadeiro, porque o experimentam. O amor parado morre. Santo Agostinho dizia "ama e faz o que quiseres!" O amor prova o valor da fé. Só o amor permanece porque é fonte nova, sempre de mais vida e amor. O amor é sem medida; sempre maior. É bom fazer o bem! E a maior luta da humanidade é a busca do Amor Eterno!

"Que nossos olhos possam ver mais o amor", ensina a TV Aparecida, e é verdade. Do mesmo modo, o fim do livro fica sem outra conclusão. A fé acaba; a esperança acaba porque muda. O amor não acaba nunca, porque é sempre novo, renovado, puro. Ao dizermos "Deus é amor", é "comunhão de amor" e "amor sem-fim", nós seremos como Deus, pois entraremos em sua "comunhão eterna", pois o amor nunca acabará e permanecerá (1Cor 13,8). Amém.

ANEXO I
O PAI-NOSSO, PAPA FRANCISCO

Convido todos os cristãos a invocar o Altíssimo, Deus Todo-Poderoso e recitar a oração que Jesus Nosso Senhor nos ensinou. Portanto **convido todos a recitar o Pai-Nosso**. Que o Senhor ouça a oração unânime de todos os seus discípulos que, acreditando piamente na vitória de Cristo Ressuscitado, Senhor de toda história, e que esta história, Nele, será totalmente restaurada, seja superada e contida, esta pandemia do **coronavírus**.

Todos: Pai nosso.

1. Para que Deus, na imensidão de seu amor, revelado por Jesus Cristo como Pai Misericordioso, possa escutar as orações e súplicas de todos os seus filhos e suas filhas que clamam diariamente. Rezemos!

Todos: Pai nosso, ouvi-nos!

Todos: QUE ESTAIS NOS CÉUS.

2. Pelas vítimas que morreram da pandemia do coronavírus e de todas as demais epidemias, que assolam a humanidade, para que sejam acolhidas na eternidade. Rezemos!

Todos: Pai nosso, ouvi-nos!

Todos: SANTIFICADO SEJA O VOSSO NOME.

3. Pelos profissionais da área da saúde e por todas as outras categorias de profissionais e voluntários que trabalham em função da segurança, do cuidado e do bem-estar das pessoas, às vezes, arriscando suas próprias vidas. Rezemos!

Todos: Pai nosso, ouvi-nos!

Todos: VENHA A NÓS O VOSSO REINO.

4. Pelos governantes das nações e lideranças mundiais, de todas as categorias, para que sejam diligentes e eficazes no combate aos flagelos que atingem os povos e as nações. Rezemos!

Todos: Pai nosso, ouvi-nos!

Todos: SEJA FEITA A VOSSA VONTADE, ASSIM NA TERRA COMO NO CÉU.

5. Para que o Tempo da Quaresma, transformado em tempo de quarentena, seja para os cristãos e toda a humanidade um tempo propício para repensar seu estar e agir no mundo. Rezemos!

Todos: Pai nosso, ouvi-nos!

T: O PÃO NOSSO DE CADA DIA NOS DAI HOJE.

6. Pelas pessoas menos favorecidas e desprovidas dos bens necessários para sua sobrevivência, para que sejam socorridas pela solidariedade dos que podem ajudar. Rezemos!

Todos: Pai nosso, ouvi-nos!

Todos: PERDOAI-NOS AS NOSSAS OFENSAS, ASSIM COMO NÓS PERDOAMOS A QUEM NOS TEM OFENDIDO.

7. Para que os homens e as mulheres de todas as classes e nações, todas as raças e línguas possam compreender que a humanidade é fruto de uma única espécie, criada com todas as fragilidades e habita a mesma casa comum. Rezemos!

Todos: Pai nosso, ouvi-nos!

Todos: E NÃO NOS DEIXEIS CAIR EM TENTAÇÃO.

8. Para que a proliferação das epidemias, o crescimento das más ações e sentimento de abandono não retirem

de nosso coração a fé, a esperança e a confiança na ação reversível de Deus. Rezemos:

Todos: Pai nosso, ouvi-nos!

Todos: MAS LIVRAI-NOS DO MAL. AMÉM.

9. Para que o Senhor, em sua infinita misericórdia, venha depressa em socorro de seus filhos e suas filhas abatidos, encurralados e subjugados pela força do mal e cure todos os doentes, enfermos e infectados. Rezemos!

Todos: Pai nosso, ouvi-nos!

Dirigente: OREMOS:

Ó Deus, fonte de todo bem, atendei o nosso apelo e fazei-nos, por vossa inspiração, pensar o que é certo e realizá-lo com vossa ajuda. Por nosso Senhor Jesus Cristo, vosso Filho, na unidade do Espírito Santo. Amém.

Dirigente: Bênção final.

O Senhor esteja conosco!

Todos: Ele está no meio de nós!

Abençoe-nos o Deus todo-poderoso, Pai e Filho † e Espírito Santo.

Todos: Amém!

ANEXO II
AS SETE PALAVRAS DE MARIA

São palavras que marcam o caminho de fé seguido por Maria. São Palavras imortais e orientadoras na vida de Maria e de nossa fé cristã. Nem todas são dela falando, mas são diretamente sobre ela. Por isso que nossa devoção cristã tem alicerce e fundamentos sólidos. Maria não fala muito no Evangelho, mas fala o suficiente para também acreditarmos. Mas o alerta de Lucas é iluminador. Maria, mais que falar, "guardava tudo e meditava em seu coração" (Lc 2,51). Ora só pode falar assim quem conviveu com a pessoa, como Lucas e Maria, talvez em Éfeso.

1. A primeira palavra (Lc 1,34) é a pergunta para esclarecer a modalidade de realização do plano de Deus dentro do projeto matrimonial de Maria. *"Como será isso, se não devo conhecer homem?"* Era noiva de José. O Divino Espírito Santo é que vai agir e não homem algum. Maria não entende, mas concorda e aceita.

2. A segunda palavra foi na Visitação (Lc 1,46-55), na qual Maria é proclamada por Isabel: "Bem-aventurada você que acreditou". Sem a força da Fé é difícil ser alegre na Esperança e fervoroso no Amor. Maria foi ajudar na gravidez da prima, e a prima, forte em sua fé, louva a Deus pela Fé de Maria. A missão de Maria não foi fácil, sabemos. Mas que ela não poderia ter cumprido bem sua missão senão fosse por sua fé, também é verdade. Obrigado, S. Isabel, por nos ensinar isso!

3. A terceira palavra de Maria, em continuação, é o louvor do Magnificat. Nesse canto, Maria canta a graça imerecida de Javé em sua pequenez; é a escolha paradoxal de Javé, – constante na história da salvação, – de usar instrumentos "frágeis" para realizar seus planos. Maria canta o amor de Deus nela e por ela. "O Poderoso fez em mim maravilhas!" E canta também o amor dele por seu Povo escolhido. Canta a inversão da mentalidade humana, que já inicia a partir de agora. Embora fruto da piedade da comunidade primitiva e entrelaçado com referências ao Antigo Testamento, o Magnificat combina bem com Maria, a serva e a servidora.

4. A busca dolorosa e penosa depois da festa (Lc 2,48). Dois pais ansiosos e angustiados – "Por que fizeste isso conosco?" Quem já passou por isso sabe quanto sofreram Maria e José. Jesus responde: "Não sabíeis que devo ocupar-me das coisas de meu Pai?" Mostra o esforço de Maria em compreender a pessoa e o caminho do Filho de Deus, que sempre será acompanhado, em sua vida, pelo afeto e pela fé de Maria e José.

5. Nas Bodas de Caná (Jo 2,1-11), Maria disse a Jesus: *"Eles não têm mais vinho"*. "Mulher, ainda não chegou a minha hora." A Hora de Jesus é dar a vida no calvário. Jesus convida a mãe a se sintonizar com a hora dele. Maria é a mulher atenta e caridosa.

6. A sexta palavra (Jo 2,5) é também nas Bodas: "Fazei tudo o que Ele (Jesus) disser". É uma palavra de confiança e de certeza. Conseguiu tirar aquela família do sufoco. Também revela a confiança de Maria no poder de seu filho, que generosamente atende e realiza seu pedido. Mas o resultado maior é que os discípulos acreditaram em Jesus.

7. A sétima palavra de Maria é silenciosa, quando Jesus, na cruz (Jo 19,26), diz: "Mulher, eis aí teu filho. Filho, eis aí tua Mãe". Na constância de quem não foge, Maria aceita o mandato do Filho de Deus. É a Mãe de Jesus e de toda a humanidade. A tradição popular e a piedade pela Mãe Maria explicarão o silêncio da mãe dolorosa. A espada de dor prometida por Simeão aconteceu em vários momentos, mas sobretudo junto à Cruz. E o Evangelho afirma que Maria estava de pé: ou seja, firme, consciente, corajosa e obediente.

É bonita e verdadeira a Palavra de Deus sobre Maria. Maria é a 'Verdadeira Mulher' (ao contrário de Eva), a 'Serva' (servidora, não escrava) do Senhor, a 'obediente e disponível', 'a Escolhida e Fiel' até o fim. Com Maria, aprendemos a amar.

ANEXO III
ORAÇÃO E ESPERANÇA

"De vez em quando ajuda-nos recuar um passo e ver de longe."

– O Reino não está apenas para além de nossos esforços, está também para além de nossas visões.

– Em nossa vida, conseguimos cumprir apenas uma pequena parte daquele maravilhoso empreendimento que é a obra de Deus. Nada daquilo que fazemos está completo.

– Isso quer dizer que o Reino está mais além de nós mesmos.

– Nenhuma afirmação diz tudo o que se pode dizer.

– Nenhuma oração exprime completamente a fé.

– Nenhum credo contém a perfeição.

– Nenhuma visita pastoral traz consigo todas as soluções.

– Nenhum programa cumpre plenamente a missão da Igreja.

– Nenhuma meta ou nenhum objetivo atinge a dimensão completa. Disso se trata: plantamos sementes que um dia nascerão.

– Regamos sementes já plantadas, sabendo que outros as guardarão.

– Pomos as bases de algo que se desenvolverá.

– Pomos o fermento que multiplicará nossas capacidades. Não podemos fazer tudo, mas dá uma sensação de libertação iniciá-lo.

– Dá-nos a força de fazer qualquer coisa e fazê-la bem.

– Pode ficar incompleto, mas é um início, o passo de um caminho.

– Uma oportunidade para que a graça de Deus entre e faça o resto.

– Pode acontecer que nunca vejamos sua perfeição, mas esta é a diferença entre o mestre de obras e o trabalhador.

– Somos trabalhadores, não mestres de obras, servidores, não messias.

– Somos profetas de um futuro que não nos pertence.

– Papa FRANCISCO. Para nos ajudar a compreender isso, deixemo-nos encantar por essa estupenda oração, vulgarmente atribuída ao Beato Óscar Arnulfo Romero, mas pronunciada pela primeira vez pelo Cardeal John Dearden. O Reino é obra de Deus; eu sou colaborador; faço minha parte. O Futuro não nos pertence, só a Deus, que é o Senhor da História (UNIS, 11.1.2022).

ANEXO IV
A EDUCAÇÃO DOS FILHOS...

Educar para o amor verdadeiro e responsável dos filhos é a grande missão dos pais. Educar é saber conduzir e orientar o filho(a), nos vários momentos e nas várias dificuldades da vida. É a maior missão dos pais; sem nenhum tirar a autoridade do outro. Essa missão não pode ser transferida à escola, aos professores, nem aos avós.

Até os sete anos que se forma a personalidade afetiva dos filhos. O beijo e o abraço são os caminhos normais. Incentivar e animar os filhos para não terem medo e sempre se sentirem importantes e apoiados nas coisas boas e cobrar nas falhas. Eles devem ser sempre as maiores preocupações dos pais. E esses têm de ser claros e perguntar se entenderam bem suas propostas e seus pedidos.

Os filhos não podem ser os reis da casa, mas aprender a respeitar os pais, que são o alicerce da família. A última palavra deve ser sempre a dos pais e não a dos filhos, pois se supõe que os pais sejam mais maduros. A hora das refeições, sobretudo aos domingos, deve ser uma ótima oportunidade para certas conversas.

Os castigos têm de ser educativos e não punitivos. Também isso deve ser fruto de boa conversa. A mentira tem perna curta e não pode ser admitida, nem se deve “engolir sapos” dos filhos. A verdade não merece castigo, pois errar é humano. A mesada deve ser pequena e cobrada nos gastos. Não pode prometer presentes pelo sucesso, que é obrigação. Cair na conversa do filho é desconhecer que o filho é imaturo. Os maiores problemas dos filhos adolescentes estão na escola, por isso é fundamental conhecermos seus colegas e amigos. Convidá-los a estudar em casa é uma ótima oportunidade para conhecê-los. Mas as maiores dores de cabeça estão nas drogas e na gravidez. Muitas vezes os pais precisam de uma orientação de psicólogos ou sacerdotes.

Saber cobrar e saber ouvir os motivos das falhas é uma importante missão dos pais. E saber perguntar por que não deu certo ou fizeram errado. Não adianta gritar e muito menos bater. Tem de se fazer tudo na maior paz e serenidade possíveis. O diálogo é para saber ouvir e falar na hora certa. Se alguém está nervoso ou chorando, saiba parar e depois continuar ou escolher outra hora ("Paz e educação" e "Quem ama, educa!", de Içami Tiba, Ed. Gente).

1. ORAÇÃO DA SERENIDADE

"Deus Pai, conceda-me a serenidade para aceitar aquilo que não posso mudar. A coragem para mudar o que me for possível. E a sabedoria para saber discernir entre as duas." A "sabedoria para saber discernir entre as duas" advém da virtude da prudência. "Aceitar aquilo que não posso mudar" e "a coragem para mudar o que me for possível" são ambos aspectos da virtude da coragem.

2. PEQUENA CATEQUESE

a) Valorize sua vida: É Dom de Deus. Valorize. Agradeça. Viva com amor.
b) Viva com Cristo, para morrer com Ele (2Tm 2,11). Deus quer salvar todos (1Tm 2,4).
c) Unção dos Enfermos serve: para unir a Cristo os sofrimentos, pedir a saúde e perdoar os pecados (Tg 5,15).
1. Comunhão aos doentes: é o Corpo de Cristo (Jo 6,51).
2. Missa pelos falecidos: é a melhor oração para todos.
3. Vícios são transtornos de personalidade (doenças): suicídio!
d) Morte: a hora da morte é de Deus; ninguém sabe. Esteja preparado!
1. Juízo de Deus: seremos julgados sobre o amor (Mt 25,31ss)
e) Reencarnação: não existe. Leia: Hb 9,27.
f) Purgatório: Deus nos purifica pela doença e pelos sofrimentos.
g) Céu: felicidade completa com Deus e todos, para sempre.
h) Inferno: Deus respeita nossa escolha.

3. VIDA PLENA

"Eu vim para que todos tenham vida e Vida Plena" (Jo 10,10).

"De tal modo Deus amou o mundo, que lhe deu seu Filho Único" (Jo 3,16).

"Tendo amado os seus que estavam no mundo, amou-os até o fim" (Jo 13,1).

"Ninguém tem maior amor do que aquele que dá a vida por seus amigos" (Jo 15,13).

"Cristo me amou e se entregou por mim" (Gl 2,20).

"Eu sou a Ressurreição e a Vida" (Jo 11,25).

4. "ANDAR NA LUZ"

"Eu sou a Luz do Mundo" (Jo 8,12).

"Andar na Luz" significa que alguém anda na verdade, no bem, na justiça e no amor (1Jo 1,7).

"Andar nas Trevas" é oposição ao "andar na Luz" ou é andar no caminho do egoísmo, da violência, da injustiça e do desamor.

DEUS é Luz (1Jo 1,5); é a origem de todo o bem, por isso guia todos no caminho da virtude.

JESUS é a Luz por excelência, e os que andam nesta luz alcançam a plenitude do amor (Jo 8,12).

Os Cristãos são chamados a ser Luz do mundo (Mt 5,14), e glorifiquem vosso Pai que está nos Céus.